Inhalt

Wortwechselbäder

Scheingefecht

Der Mehrheit des sprechenden und schreibenden Volkes ist zweifellos bewußt, daß scheinbar und anscheinend nicht sinngleich sind. Viele Menschen halten jedoch den Unterschied für eine Bagatelle. Besonders diejenigen, die beide Wörter lebenslang als nur nuanciert unterschiedlich betrachtet und eher willkürlich als überlegt verwendet haben, mögen von meiner Behauptung schockiert sein: Scheinbar ist ziemlich genau das Gegenteil von anscheinend.

Merke: ANSCHEINEND ist richtig, wenn wir es durch wahrscheinlich ersetzen können. SCHEINBAR hingegen muß es heißen, wenn auch »nur scheinbar« zutreffend wäre.

Die Sonne dreht sich (nur) scheinbar um die Erde, die Steuerreform begünstigt (nur) scheinbar kinderreiche Familien. Ein scheinbar Kranker ist ein Simulant, also kein wirklicher Patient. Ein Mensch hingegen, der anscheinend krank ist, muß als wahrscheinlich oder höchstwahrscheinlich oder tatsächlich krank gelten. Eine berechnende Dame wird einen Millionär nur scheinbar, eine ehrlich verliebte Frau den Millionär womöglich anscheinend, also wahrscheinlich oder ganz bestimmt aus Liebe heiraten.

Sie haben mich anscheinend verstanden? Wenn Ihnen freilich scheinbar ein Licht aufgegangen ist, haben Sie diesen Artikel nur scheinbar verstanden, grob gesagt: nicht.

Sonstiges

Fuchs, du hast die Gans gestohlen, gib sie wieder her, ansonsten wird dich der Jäger holen mit dem Schießgewehr. ANSONSTEN?

Er solle seine Mietschulden gefälligst bis zum Ersten begleichen, ansonsten werde ihn, den Mieter, der Teufel holen! Keine eben kulante Mahnung des Vermieters – und eine sprachlich wacklige dazu.

Merke: ANSONSTEN bedeutet soviel wie außerdem, wogegen man SONST ungefähr mit andernfalls gleichsetzen kann.

Wer ANSONSTEN und SONST über einen Kamm schert, der bildet womöglich auch einen Satz wie diesen: »Er verdiente seine Brötchen als Drummer einer Combo, sonst sprang er als Kellner in einem Biergarten ein.« Nun wird kaum jemand SONST anstelle von ANSONSTEN in die Debatte werfen, umgekehrt jedoch gibt es Hunderttausende, die jegliches SONST zu ANSONSTEN verballhornen.

Dann gibt es noch SONSTIGES, das mehr zu tun hat mit ANSONSTEN als mit SONST. Unter der Rubrik Sonstiges erfährt man beispielsweise, was außerdem noch so zu wissen lohnt. Zu Sonstigem gehört auch der Hinweis auf das zweigleisige UMSONST, das mit Vorsicht zu genießen und zu verwenden ist. Seine Tücke liegt im Doppelsinn (es steht mal für vergebens und mal für gratis), der schon manchen zum unfreiwilligen Stilblütenproduzenten qualifiziert hat. Mein sprachschulmeisterlicher Rat: Sagen Sie nie UMSONST, Sie könnten mißverstanden werden. Beispielsweise ist denkbar, daß Ihre Aussage »Ich habe einen Deutsch-Kursus umsonst absolviert« als eindeutiges Bekenntnis der Vergeblichkeit Ihres Lerneifers gedeutet wird.

Sicher und Sicherlich

»Guten Tag, Herr Stengel! Es fällt mir angesichts der blühenden Natur ein bißchen schwer, Ihre heutige Deutschstunde zu besuchen. Sie werden das sicher verstehen.«

»Mit Bestimmtheit verstehe ich Ihren blühenden Unsinn nicht SICHER, allenfalls SICHERLICH.«

»Nur ein Beckmesser kann wie Sie reagieren. Für mich sind SICHER und SICHERLICH gleiche Brüder und Kappen.«

»Eine oberflächliche Betrachtungsweise. Das sehen Sie doch sicherlich ein?«

»Wieso sicherlich? Erscheint es Ihnen nicht sicher, wenn ich es sicher einsehe?«

»Nun, erstens bin ich mir Ihrer Einsicht gar nicht so sicher, und zweitens hoffe ich, daß Sie zur Einsicht keiner Sicherheitsvorkehrungen bedürfen.«

»Was soll Ihrer Rede dunkler Sinn?«

»Ganz einfach: Wer SICHER sagt, obwohl er SICHERLICH, also vermutlich oder höchstwahrscheinlich, meint, beschwört fortwährend Bilder von Sicherheitsgurten, Sicherheitsventilen und Versicherungsinspektoren herauf!«

»Für Sie sicher, Herr Stengel. Normale Leute aber wissen sicher, daß ich SICHERLICH meine, wenn ich SICHER sage.«

»Und was meinten Sie, als Sie mir neulich aus Schönefeld telegrafierten: ›Bin soeben sicher gelandet‹?«

»Hoppla, Sie haben mich überzeugt. In Zukunft geh ich auf Nummer Sicherlich. Das richtige Wort am rechten Platz – dann kann mir an und für sicherlich gar nichts mehr passieren.«

Male oder Mäler?

Ich hatte einen Deutschlehrer, der Unglücke nicht gelten ließ. Er dozierte: Da es keine Glücke gebe, könne es logischerweise auch keine Unglücke geben, und man müsse sich deswegen folgerichtig für die Unglücks-Mehrzahl Unglücksfälle entscheiden.

Bevor ich meines Deutschlehrers These flapsig beiseite wische, möchte ich auf den Irrsinn sprach-(halb-)wissenschaftlicher Analogie-Prinzipienreiterei hinweisen: Weil es MAHNMAL-MAHNMALE und GRABMAL-GRABMALE heiße, habe man – so die Analogisten – der Mesalliance DENKMAL-DENKMÄLER das sprachrichtige Pärchen DENKMAL-DENKMALE entgegenzusetzen.

Hilfe! Nach dem Analogieprinzip kämen demnach etwa solche Paarungen zustande: Er fliegt-flog, er liegt-log, er siegt-sog.

Nein, nein, nein! Die Sprache kann analogistisch nicht ergründet und praktiziert werden. Sagen Sie DENKMALE oder DENKMÄLER, beides ist richtig.

Auch die verordneten (oder mindestens empfohlenen) PARKE als Mehrzahl von Park gehen mir gegen den Strich. Ich bleibe bei PARKS. Als ich mir in den achtziger Jahren in Leipzig einen Bildband mit dem suggestiven Titel »Parke in der DDR« kaufte, war meine Enttäuschung groß: In dem Druckwerk war kein einziger Parkplatz verzeichnet.

Eines schickt sich nicht für die ganzen?

Die ganzen Leute. Die ganzen Ausländer. Die ganzen Verwandten. Die ganzen Arbeitslosen. Die ganzen Beamten. O heilige Sprach- und Sprecheinfalt! Die Mehrzahl von GANZ (der Menge, Masse, Größe und Anzahl nach) heißt selbstverständlich alle.

»Alle (nicht die ganzen) Menschen werden Brüder«, »Allen (nicht den ganzen) Menschen recht getan, ist eine Kunst, die niemand kann«, »Von allen (nicht den ganzen) Geistern, die verneinen, ist mir der Schalk am wenigsten zur Last«, »Alle (nicht die ganzen) Vögel sind schon da«, »Alle meine (nicht meine ganzen) Entchen schwimmen auf dem See«.

GANZ-ALLE – dieses Wortpaar regelt auch die Mehrzahlbildung, wenn es sich nicht um Lebewesen, sondern um Sachen handelt.

Falsch demnach: »Wenn die ganzen Brünnlein fließen«, »Die ganzen Jahre wieder kommt das Christuskind«, »Die ganzen Räder stehen still, wenn dein starker Arm es will« (Einschiebsel: Soeben höre ich von einer Fernseh-Talkrunde: »die ganzen Manipulationen«, »die ganzen Akten« und »die ganzen Verträge«).

Und jetzt ein Hinweis für meine ganzen ... nein: für alle meine Leser: Gleichwohl gibt es auch das Wortpaar GANZ-DIE GANZEN, wenn wir es bei DIE GANZEN der Bedeutung nach mit Vollständigkeit, Umfänglichkeit oder auch Intaktheit und Unversehrtheit zu tun haben: »Ganze Straßenzüge wurden in Schutt und Asche gelegt«, »Aldi nimmt lieber ganze als zerbrochene Flaschen in Zahlung«. Personifizierte Flaschen allerdings sind zu behandeln wie ganz oben beschrieben. Wenn Sie also Ihre Lieblingsfußballmannschaft in der Luft zerreißen wollen, dann schimpfen Sie gefälligst korrekt: »Alle (nicht die ganzen) elf Flaschen sind nicht das Eintrittsgeld wert, nicht mal Flaschenpfand!«

Und noch etwas: Bitte, bitte beachten Sie um Gottes willen nicht meine ganzen Hinweise, sondern alle!

Unrichtigspieler

Das Gegenteil von gläubig ist ungläubig, von sachlich unsachlich, von reif unreif und so weiter. UN-Wörter sind unentbehrlich, wenn sich ein un-freies gegenteiliges Wort nicht bietet. Aber UNRICHTIG? Ich behaupte, was nicht richtig ist, ist falsch. Punktum.

Wie oft lese ich in sogenannten Presse-Gegendarstellungen: »Diese Behauptung ist unrichtig!« Erkläre mir, Graf Oerindur, ob es einen möglichen oder tatsächlichen Unterschied zwischen einer unrichtigen und einer falschen Behauptung gibt. Fürchtet der Gegendarsteller womöglich, beim Einsatz der Vokabel FALSCH als Grobian dazustehen? Also nur diplomatische verbale Unrichtigmünzerei?

Das fehlte noch: Die sanfte Ermahnung an den von der Polizei ertappten Einbrecher: »Keine UNRICHTIGE Bewegung!«

Eben ruft mich meine Frau zum Mittagessen. Es gibt UNRICHTIGEN Hasen! Wie nett von ihr, mir ein kaufreundliches Essen zu bereiten. Schließlich habe ich UNRICHTIGE Zähne.

Wenn Sie diese Worte in die unrichtige Kehle bekommen haben, könnte es daran liegen, daß Sie heut früh mit dem unrichtigen Bein aufgestanden sind.

Schreckensbilanz

Zeitungsmeldung: »In Sibirien hat ein Bär einen Jäger, der in seine Höhle schaute, so sehr angebrummt, daß der Mann sich zu Tode erschrak ...«

Mein Deutschlehrer hätte diesen Satz lakonisch so kommentiert: »Na, wenn der Jäger schon vom Bär erschreckt wurde und daraufhin erschrak – wozu mußte der Mann sich dann noch zusätzlich selber erschrecken?«

Klartext: SICH ERSCHRECKEN kommt nur in Masochisten-Zirkeln vor. Übrigens ist die Neigung, Reflexivpronomen (rückbezügliche Fürwörter) auch dort und dann zu setzen, wo sie nicht hingehören, weitverbreitet.

Machen wir Schreckensbilanz: Mindestens 80 von 100 Deutschen sind Opfer sprachlicher Schrecksekunden. Wie heißt es denn nun richtig: »Ich habe mich erschreckt« oder »Ich bin erschrocken« oder »Ich habe mich erschrocken« oder »Ich bin erschreckt«?

Erschrecken Sie nicht: Nur die zweite Version ist korrekt.

Zweiter Text: Heißt es »Ich habe ihn erschreckt« oder »Ich habe ihn erschrocken«? Der erste Schreck ist richtig.

Und nun das Schrecklichste: Für viele Schreckgespenster sind SCHRECK und SCHRECKEN identisch – so austauschbar, als könne man zum Beispiel sagen »Denn was er sinnt, ist Schreck, und was er blickt, ist Wut« (Uhland), »Jedoch der schrecklichste Schreck, das ist der Mensch in seinem Wahn« (Schiller) oder »Lieber ein Ende mit Schreck als ein Schreck ohne Ende«.

Aber Schreck ist nicht Schrecken. Schreck ist Schock, Schrecken ist Terror. Der sprichwörtliche Schreck in der Abendstunde (zum Beispiel unvermutetes Eintreffen einer ungeliebten Tante) kann zwar einen Schrecken zur Folge haben (wenn die Tante ihre Abreise um Wochen hinausschiebt), aber keineswegs müssen sich Schreck und Schrecken verbünden, denn sie sind semantisch (in ihrer Bedeutung) so weit voneinander entfernt wie Biotop und Biolek.

Die Wendung MIT DEM SCHRECKEN DAVONGEKOMMEN ist abwegig. Wer einer Flutwelle entronnen ist, kann aufatmend verkünden, er sei mit dem Schreck davongekommen.

Die Ermunterung SCHRECK, LASS NACH können Sie getrost aus- und damit sich selber Mut zusprechen. Hingegen hat die an den Schrecken gerichtete Bitte, doch nachzulassen, nur dann Aussicht auf Erfolg, wenn Sie über übersinnliche Kräfte verfügen, die Sturm, Feuersbrunst, Erdbeben, Krieg bannen können.

Fährt Ihnen der SCHRECK IN ALLE GLIEDER, mag der Auslöser ein Zustand oder Ereignis sein, die als Schrecken bezeichnet werden könnten, aber der SCHRECK kennt mehr und andere Anlässe als den SCHRECKEN.

Merke: SCHRECKEN **ist etwas Objektives.** SCHRECK **ist subjektiv: Beklemmung, Angst, Schauder, Schock.**

Der Umgang mit der Schreck-Schreckensfamilie ist oft kurios: »Ich habe mich erschrocken« – Doppelfehler. Wem Schrecken widerfuhr, der hat sich weder erschrocken noch sich erschreckt, sondern ist schlicht erschrocken. Wollte er Schreck reflexiv erleiden, müßte er sich schon vorm Spiegel postieren, um sich quasi pantomimisch eine Schrecksekunde lang zu erschrecken.

Vollkommen unvollkommen

Es ist nicht vollkommen, sondern völlig abwegig, VOLLKOMMEN für ein Umstandswort (Adverb) zu halten. Tatsächlich ist VOLLKOMMEN ein Eigenschaftswort (Adjektiv), und wenn in der Bildunterschrift einer Zeitung geklagt wird: »Das Gebäude ist vollkommen verwahrlost«, gewinnt der Leser den Eindruck, daß die Verwahrlosung immerhin mustergültig vonstatten ging.

Sätze wie »Ihre Behauptung ist vollkommen falsch!«, »Die Wohnung wurde vollkommen verwüstet« oder »Der Marathonläufer war vollkommen außer Atem« sind nicht korrekt. Sowenig es Theodor Hendrik van de Veldes Klassiker »Die völlige Ehe« gibt, sowenig einleuchtend ist ein vollkommener Nervenzusammenbruch – es sei denn, er ist vollendet schön, was aber bei einem Kollaps kaum diagnostiziert werden kann.

Wenn ich Wendungen höre wie »vollkommen dilettantisch«, »vollkommen unangemessen« oder »vollkommen mißglückt«, fällt mir ein Dialog zwischen Richter und Kläger ein. Der Richter: »Und was hat der Angeklagte zu Ihnen gesagt?« Der Kläger: »Sie sind ein vollkommener Idiot!« Der Richter abwiegelnd: »Nehmen Sie's nicht so tragisch. Niemand ist vollkommen!«

Merke: VOLLKOMMEN **liegt in der Nähe von ideal, perfekt, klassisch, tadellos und hat immer positive Färbung.**

Das Gute an diesem Artikel ist also die Tatsache, daß er keinesfalls vollkommene Verwirrung stiften kann. Höchstens völlige.

Zweifach täglich

Ist eine Großtrappe wirklich DREIFACH so groß wie ein Truthahn? Gewiß nicht. Sie ist allenfalls DREIMAL so groß. Allerdings bringt es die Großtrappe genauer aufs dreifache Truthahn-Gewicht als aufs dreimalige.

Hier ist nicht der Platz für eine Gebrauchsanweisung, wann und in welchem Zusammenhang gemalt oder gefacht werden sollte. Wer nur recht gefühlvoll mit der Sprache umgeht, kommt sowieso nicht auf die Idee, vor sich hin zu trällern »Das gibt's nur einfach, das kommt nicht wieder ...« Aber sogar sprachempfindliche Leute tappen oft daneben, wenn es um den Unterschied zwischen TÄGLICH und TÄGIG, WÖCHENTLICH und WÖCHIG, JÄHRLICH und JÄHRIG und so weiter geht.

Neulich schrieb mir die Sparkasse, ich möge ihr mitteilen, ob ich Kontoauszüge an jedem Monatsersten oder vierzehntägig wünsche. Vierzehntägig? Eine vierzehntägige Kur dauert vierzehn Tage lang, und auch die vierzehntägige Tour de France geht, wie man weiß, über zwei Wochen. VIERZEHNTÄGIG ist eine Zeitspanne, kein Zeitpunkt.

Merke: VierzehnTÄGIGE Kreuzfahrt (dauert zwei Wochen) oder vierzehnTÄGLICHER Sonntagsfrühschoppen (findet an jedem zweiten Sonntag statt).

Die liebe Sparkasse hätte mich demnach korrekt fragen müssen, ob ich Auszüge vierzehntäglich wünsche, also zweimal (nicht zweifach) im Monat. Vierzehn Kontoauszüge vierzehn Tage lang – so was ist meinem Briefträger nicht zuzumuten.

Gebrauchsliteratur

Freilich: Es ist schon ein Dilemma, daß die Verben BIETEN-GEBIETEN, LOBEN-GELOBEN, BRAUCHEN-GEBRAUCHEN und einige mehr im Perfekt zusammenfließen. Aber man sollte gelernt haben, daß man namentlich BRAUCHEN und GEBRAUCHEN nicht in einen Topf werfen kann.

Wenn der Moderator eines Wissenschaftsmagazins feststellt, daß »einen Computer wohl jedermann gebrauchen« könne, muß ich vermuten, er ist der Auffassung, dem Menschen sei die Fähigkeit in die Wiege gelegt, diese Geräte zu bedienen. Oder wollte er sagen, jeder sollte einen Computer besitzen?

Denn nicht jeder, der ein modernes Gerät braucht (benötigt), ist befähigt, dasselbe auch zu gebrauchen, mit ihm umzugehen, es zu handhaben, zu bedienen. So paradox es klingt: Nicht alles, was man braucht, kann man gebrauchen, und umgekehrt brauche ich beispielsweise keinen (zweiten) Staubsauger, obwohl ich ihn durchaus zu gebrauchen wüßte.

Wollte man BRAUCHEN und GEBRAUCHEN als perfekte Synonyme begreifen, ließe sich Wilhelm Busch auch so zitieren: »Es ist ein Gebrauch von alters her ...« Oder man könnte eine populäre Deutschregel kühn variieren: »Wer gebrauchen ohne zu braucht, gebraucht Gebrauchen überhaupt nicht zu brauchen!«

Wer hinfort den feinen Unterschied zwischen BRAUCHEN und GEBRAUCHEN nicht begreift, der sollte mir wenigstens keinen zornigen Brief mit dem Text zusenden: »Herr Stengel! Ich gebrauche Ihre ungebrauchbaren Brauchanweisungen nicht. Mein Deutsch genügt mir sowohl weltweit als auch für den Hausbrauch!«

Streitereien

Es wird viel gestritten. Die Eheleute streiten über die Erziehung der Kinder, die Nachbarn um das Wegerecht, die Parteien über die Steuern und um die Steuerreform.

STREIT UM oder STREIT ÜBER – was ist richtig? Oder ist das alles nur ein Streit um (nicht über) des Kaisers Bart, sprich: ein Streit um oder über nichts?

Natürlich nicht. Wer UM etwas streitet, verbindet damit einen konkreten Anspruch des Besitzes oder der Verfügbarkeit. Beim Streit um die Wurst will er alles – die ganze Wurst nämlich. Beim Streit ÜBER die Wurst kann es um vielerlei gehen, zum Beispiel um den Kauf dieser oder jener Sorte oder die richtige Rezeptur. Unterscheiden Sie also anhand ihrer Absichten, ob Sie ÜBER etwas oder UM etwas einen Streit vom Zaun brechen.

Allerdings wird das Ehepaar, das sich im Streit ÜBER die Erziehung der Kinder partout nicht einigen kann, demnächst womöglich UM das Erziehungsrecht streiten.

Ein verwechslungsgefährdetes STREIT-Wortpaar ist STREITBAR-STRITTIG.

Merke: STRITTIG sind Sachverhalte. STREITBAR sind Personen, hochsprachlich erweitert auf subjektive Äußerungen (streitbare Worte, streitbares Leben).

Ein richtiger Satz lautet: In strittigen (oder auch umstrittenen) Sprach-Fragen sollten sich streitbare Sprach-Anwälte zu Wort melden, um die unbestrittene (oder auch unbestreitbar richtige) Lösung zu finden.

Gleich und selb gesellt sich gern

Wenn zwei das gleiche tun, dann ist es nicht dasselbe. Wie wahr. Die Torheit des Gastes, der vom Kellner dasselbe Essen wünscht, das der Herr am Nebentisch soeben verzehrt, gehört allenfalls in die Witzliteratur. Dasselbe gibt es eben nur einmal. Das Gleiche hingegen existiert mehrfach. Zwillinge können gleichzeitig nur gleiche T-Shirts tragen, nicht aber dieselben.

Was für konkrete Sachen gilt, hat auch in abstrakten Bereichen Gültigkeit. Die Opel-Automobilisten Schulze, Seifert und Schmidt haben zwar GLEICHE Autos, aber womöglich DIESELBE Religion und Philosophie.

Doch keine Angst vor der Vokabel DASSELBE, wenn es sich um tatsächlich Identisches handelt. Was am selben Tag passiert, sollte nicht als Ereignis vom gleichen Tag gemeldet werden. Der gleiche Tag ist nämlich nicht derselbe, sondern der gleiche Tag in einem ganz anderen Jahr. Beispiel: Der Reformator Martin Luther ist am gleichen, nicht am selben Tag geboren wie der Dichter Friedrich Schiller. Ob beide die gleiche Bedeutung für die Entwicklung der deutschen Sprache haben, mag Gegenstand wissenschaftlicher Arbeiten sein. Zu beweisen, daß es dieselbe ist, dürfte schwerfallen.

> **Merke:** DASSELBE **ist einzig, also identisch.**
> GLEICHES **hingegen gibt es öfter.**

Gleiche Brüder, gleiche Kappen. Niemals dieselben. In Dresden gibt es drei gleiche Hotels: Bastei, Königstein, Lilienstein. Wenn ich im Bastei logiere und meine Nürnberger Tante im Lilienstein, wohnen wir im gleichen Hotel, sind aber nicht im selben einquartiert.

Jeder zweite Deutsche kann Gleiches und Dasselbe nicht unterscheiden. Und doppelt irrt, wer beides in derselben Schreibweise, um nicht zu sagen gleich schreibt: SELBE nämlich steht im Gegensatz zu GLEICHE niemals allein und ist immer mit einem bestimmten Artikel verbunden: derselbe, dieselbe, dasselbe, denselben, demselben, am (an dem) selben Tag, im (in dem) selben Jahr.

Ein Hinweis für Bahnreisende: Der angesagte gleiche Bahnsteig sowie das angesagte gleiche Gleis sind tatsächlich immer der- und dasselbe.

Un-Kosten

Zwischen KOSTEN und UNKONSTEN gibt es, da bin ich sicher, einen fiskalischen oder juristischen, jedenfalls einen semantischen Unterschied. Aber den hat mir bisher noch niemand richtig erklärt. Bei einem Sommerfest wurde mir ein Unkostenbeitrag (oder Unkostenbetrag?) abverlangt, wogegen ich für den Eintritt in einen Wanderzirkus einen Kostenbeitrag (-betrag) berappen mußte. Womöglich verhält es sich mit dem Kosten-Unkostenpärchen ähnlich wie mit dem Duo wirsch-unwirsch, wie mit Spatz und Sperling oder Wurst und Schale (Volksmund: Das ist Wurst wie Schale).

Oder verbirgt sich hinter UNKOSTEN nur der sprachlich suspekte Steigerungswahn, der aus MENGEN UNMENGEN macht, aus einer ANZAHL (von Fehlern) eine UNZAHL?

Wo ist der Philologe, der mir auf die Sprünge hilft? Wer erklärt mir den womöglich kleinen Unterschied? Bei erfolgreicher Lektion scheue ich keine Kosten. Unkosten schon gar nicht.

Zwischenzeiten

Wenn man statt ZWISCHENZEITLICH sinngleich auch INZWISCHEN sagen kann, sollte man sich radikal gegen jegliche Zwischenzeitlichkeit entscheiden. Die Verdrängung von inzwischen und die Vorliebe für zwischenzeitlich sind beklagenswert. Freilich: INZWISCHEN ist nicht beugbar. Aus der zwischenzeitlichen Reha-Kur läßt sich keine inzwischene machen, aber wir sollten wenigstens, bevor in zwanzig Minuten der vierte Hundertmeter-Zwischenlauf gestartet wird, inzwischen und nicht zwischenzeitlich das Getränk aus dem Kühlschrank holen. Möge der Genuß desselben mich ZEITWEISE von dem schlechten Abschneiden der deutschen Athleten ablenken, auch wenn es zuvor nach einer ZEITWEILIGen Steigerung ihrer Leistungen aussah.

Übrigens verhält es sich mit dem Pärchen MANCHMAL-GELEGENTLICH ähnlich. »Manchmal (aber: bei gelegentlichen Begegnungen) möchte ich gern mit dir ...« Der Rest ist Sprachgefühl.

Betrifft: Anbetrifft

ANBETRIFFT und ANBELANGT gibt es in der regulären deutschen Sprache mitnichten, aber das Ministerium für Sprachpflege und Sprachhygiene hat ermittelt, daß beide Falschbildungen wesentlich öfter vorkommen als die korrekten Wörter BETRIFFT und ANLANGT.

Was nun die Neigung zur Bevorzugung der Falsifikate ANBETRIFFT und ANBELANGT anbegeht – nein, zum Glück hat sich der Wechselbalg ANBEGEHT gegen das richtige ANGEHT noch nicht durchsetzen können. Auch BELANGS und BE-GANGS sind erfreulicherweise nirgends zu hören, wogegen

BETREFFS ganz oben steht auf der Verballhornungs-Beliebt-heitsskala. Hinter vorgehaltener Hand kann man hören, daß es ein durchaus unverdächtiges Wort als alternative Lösung zu betreffs gibt: HINSICHTLICH. Diese Vokabel finde ich schöner als den Dreier IM HINBLICK AUF, aber das anbe-trifft meine generelle Substantivitis-Abneigung.

Wieghalsig

Viele hätten sich »in Sicherheit gewogen«, beschrieb ein Fernsehkorrespondent Gefühl und Denkart der Einwohner im Hochwassergebiet.

Diese Formulierung ist nicht korrekt. In Wahrheit haben sich viele Bewohner in Sicherheit gewiegt. Gewogen und zu leicht befunden – bei einer Gewichtsüberprüfung also sind WIEGEN-WOG-GEWOGEN schon richtig, aber wenn wir die Wiege vor Augen haben, ist an das Dreigespann WIE-GEN-WIEGTE-GEWIEGT zu denken.

Weil auch, beispielsweise, viele Sprecher und Schreiber die Terzette SCHLEIFEN-SCHLIFF-GESCHLIFFEN und SCHLEIFEN-SCHLEIFTE-GESCHLEIFT nicht auseinanderhalten können, liest und hört man immer wieder mal von GESCHLIFFENEN Burgen. Seltener zum Glück freilich von geschleiften Dia-manten.

Die Unterscheidung zwischen GESCHLEIFT und GESCHLIF-FEN scheint für Millionen Deutsche ein unlösbares Pro-blem darzustellen, wenn sie kein geschleiftes Deutsch sprechen. Schon gar kein geschliffenes.

Schnäppchen

Neulich überraschte mich Ingvelde mit fünf Kilogramm Weintrauben. »So eine Menge?« fragte ich mufflig.

»Sie waren so preiswert!« jauchzte Ingvelde.

»Woher weißt du das?« grollte ich gewittrig.

»Woher ich das weiß?« giftete Ingvelde. »Sie haben nur sechs Euro fünfzig gekostet, das ist doch ...«

»Das ist doch was ganz anderes, Ingvelde«, dozierte ich sarkastisch. »Du hast gesagt: Die Weintrauben seien preiswert gewesen. Und nun erfahre ich: Sie waren preisgünstig! Ob sie tatsächlich preiswert waren, wird sich herausstellen, wenn wir uns über sie hermachen und ihre Qualität mit Zunge und Gaumen testen!«

»Wortklauberei!« nörgelte Ingvelde. »Für mich ist alles preiswert, was wenig Geld kostet, und ...«

»Nun laß uns kosten, Ingvelde«, lud ich zum Imbiß.

»Pfui! Essigsauer!« heulte und spuckte Ingvelde nach erster flüchtiger Weinprobe.

»Also doch nicht preiswert!« trumpfte ich auf.

»Aber preisgünstig allemal, du Geistesblitzlicht!« zürnte Ingvelde.

»Weingeistesblitzlicht!« korrigierte ich weingeistreich. Dann delektierten wir uns weinend am billigen Wein.

Umgangssprachlich gilt eine Ware immer dann als preiswert, wenn sie eben nur billig ist. Der Volksmund irrt. Eine Armbanduhr für zweitausend Euro kann preiswerter sein als ein Chronometer für zehn Euro. Preiswürdigkeit mißt sich an der Qualität der Ware, nicht am Preisniveau. PREISWERT und PREISGÜNSTIG gleichermaßen ist allenfalls ein gleiches Produkt vom selben Produzenten, das ich statt in einem Feinkostgeschäft direkt beim Fabrikladen erwerbe, zum Beispiel eine Bonbonniere für acht statt zwölf Euro. Nehmen wir eine Zeitung, die mit 1,10 Euro PREISWERT ist, aber für lesende Zwillinge, bei 55 Cent Einsatz pro Nase, außerdem noch PREISGÜNSTIG.

Rea-List

REAL-REELL-REALISTISCH – drei Wörter von unterschiedlicher Bedeutung, die manchem Redner und vielen Schreibern als sinngleich gelten. Ich hörte einen Politiker prophezeien: »Ein spürbarer Aufschwung Ost ab 2002 ist real!« Selbst wenn ich diese prognostische Botschaft geteilt hätte (wozu mir der Glaube fehlte), könnte ich mit der Wortwahl des Politikers nicht übereinstimmen. Richtig müßte die Voraussage nämlich lauten: »Ein spürbarer Aufschwung Ost ab 2002 erscheint realistisch!«

Merke: real bedeutet wirklich, realistisch wirklichkeitsnah, wirklichkeitsbetont oder auch vollziehbar und durchsetzbar.

Bliebe die Vokabel reell. Ein realer (wirklicher, tatsächlicher und keinesfalls imaginärer) Geschäftsmann kann sowohl realistisch (die wirkliche Marktsituation in Betracht ziehend) als auch reell sein. REELL hat einen moralischen Akzent und steht für seriös, redlich, ehrlich, kundenfreundlich. Daraus folgt: Realistische Kaufleute gibt es wie Sand am Meer, reelle wie Oasen in der Wüste Gobi.

Ein weites Feld

Maßeinheitliche Prädikate sind unter anderem: groß, hoch, weit, schwer, breit, lang, alt. Diese Prädikate sind unveränderlich – egal, ob die bezeichneten Dimensionen groß oder klein sind. Ein Hochspringer springt immer HOCH, ob er nun zwei Meter schafft oder nur zwanzig Millimeter. Ein Riese ist wie ein Zwerg maßstäblich GROSS, ein Elefant zwanzig Zentner SCHWER, ein Brief gleichfalls SCHWER, wenn vielleicht auch nur dreißig Gramm. Mit anderen Worten: Es ist unsinnig, die Leistung eines mäßig weit werfenden Hammerwerfers mit ZWANZIG METER KURZ zu prädikatisieren. Auch der schwächste Hammerwerfer wirft allemal WEIT, ob nun mehr oder weniger WEIT.

Seit Sportreporter- und Moderatorengedenken hört man nun anstelle von FÜNFUNDZWANZIG JAHRE ALT die Version »Sie sind fünfundzwanzig Jahre jung«. In den Anfangsjahren ihres Gebrauchs konnte diese Redewendung vielleicht noch als originell gelten. Die Inflationierung dieses Kompliments ist aber längst ärgerlich.

Und das steht uns noch bevor: das siebzig Pfund leichte Mädchen, das fünf Meter niedrige Haus und womögliche Taillenenge gegen Taillenweite. Gott oder Konrad Duden schütze uns vor Sätzen wie: »Vor ihrer Diät war Frau Schulze neunzig Kilo schwer, jetzt ist sie sechzig Kilo leicht« oder »Meyers Opel ist zehn Jahre alt und Lehmanns BMW ein Vierteljahr neu«.

Originalität um jeden Preis gerät zum Klischee. Das ist eine tausendjahrealte (oder tausendjahrejunge?) Volksweisheit.

Hängepartien

Das sprichwörtliche und sprachlich korrekte MITGEGAN-GEN, MITGEHANGEN sollte Sie nicht verführen, den Misse-täter, wie er da hängt, für einen Aufgehangenen zu halten. Vermeiden wir es, dem bemitleidenswerten Gehängten (auch als Gehenkter zu bezeichnen, abgeleitet von der altertümlichen Form henken) zusätzlich solch sprachliche Schmach anzutun.

»Ich habe meinen Mantel im Flur aufgehangen«, »Der Radler hat seine Verfolger abgehangen«, »Im Museum wurde jetzt ein Bild von Rembrandt aufgehangen«, »Ich habe mein Mäntelchen in den Wind gehangen« oder, umgekehrt, »Ich habe an dieser Frau lebenslang gehängt«, »Dem Esel hängte die Zunge aus dem Maul«, »Ich hing den Telefonhörer auf«.

Alles falsche Sätze, und unfreiwillig komische noch dazu: Eine abgehangene Wurst kann ich mir vorstellen, einen abgehangenen Pedalritter nicht.

Es gibt eine einfache Faustregel, die beiden Dreier HÄN-GEN-HING-GEHANGEN und HÄNGEN-HÄNGTE-GEHÄNGT zu unterscheiden. Das erste Trio anwortet auf die Frage Wo?, das zweite auf die Frage Wohin?

Die befragte Theatergarderobenfrau, die sich zu einem gestohlenen Kleidungsstück äußert: »Ich habe den Mantel an den Haken dreihundertvierzig gehängt, aber dort hat er am Ende der Vorstellung nicht mehr gehangen«, beweist, daß es im täglichen Leben nicht nur Hängepartien in rich-tigem Deutsch gibt.

Schwerkraft

Massenhaft im Umlauf sind Sätze wie »Ich bin es nicht gewöhnt«, »Das hab ich nicht notwendig«, »So was kann ich nur schwierig verkraften«, »Du machst es dir zu einfach«, »Damit fällst du ihm lästig«. Alles falsch. Die berichtigten Sätze müssen lauten: »Ich bin es nicht gewohnt«, »Das hab ich nicht nötig«, »So was kann ich nur schwer verkraften«, »Du machst es dir zu leicht«, »Damit fällst du ihm zur Last«.

Gewiß: Seefahrt tut NOT, Seefahrt ist NÖTIG, und Seefahrt ist NOTWENDIG. Dieser Dreierschritt ist korrekt. Nur: Seefahrt notwendig zu haben – so eine Formulierung provoziert Stil- und Schiffbruch.

Daß viele Eigenschaftswörter nicht als Umstandswörter taugen, sollte man eigentlich fühlen. Aber sogar bei Sprachgefühlsmangel dürfte daran gedacht werden, daß zum Beispiel LEICHT und SCHWER den sprachlich nur beschränkt einsetzbaren EINFACH und SCHWIERIG im Zweifelsfall vorzuziehen sind.

Verona Feldbusch wurde nicht nur das ausgeklügelte Vermarktungsfalsifikat »Hier werden Sie geholfen« in den Mund gelegt, munter sprudeln ihr Sätze von den Lippen wie: »Es fällt mir schwierig ...« Nun fällt es mir nicht einfach schwierig, begreiflich zu machen, daß SCHWIERIG (wie auch EINFACH) adverbial untauglich sind, aber immerhin mögen solche Sätze stutzen lassen: »Nach schwieriger Krankheit verstarb ...«, »Schwierigbewafffnete Streitkräfte marschierten ...«, »Eisbein ist ein schwierigverdauliches Essen«, »M. tat sich schwierig, seinen Gegner schachmatt zu setzen«. Fazit: Nur wer ein Leichtgewicht durchs Einfachgewicht ersetzt, darf statt Schwergewicht Schwieriggewicht sagen. Wurden Sie mit dieser Lektion geholfen?

Sonnige Gemüter

Hand aufs Herz: Gehören nicht auch Sie zur Gemeinde der Wohlgesonnenen, und sind Ihrem Mund nicht schon Sätze entfleucht wie: »Der Karl? Der kann mich nicht denunziert haben. Der ist mir wohlgesonnen!«, »Wir sind unseren Nachbarn wohlgesonnen, denn es sind nette, hilfsbereite Leute!« und »Der Richter war mir wohlgesonnen, weil ich nichts verschwiegen oder beschönigt habe!«

Nun also: GESONNEN hat ähnliche Bedeutung wie geneigt, willens, entschlossen. Das alles hat nicht das geringste mit einer Gesinnung zu tun, die ja bei WOHLGESONNEN eigenschaftswörtlich ausgedrückt werden soll.

Merke: Um WOHLGESINNTHEIT nicht zur WOHLGESONNENHEIT verkommen zu lassen, führe man sich vor Augen: Wer gesonnen ist, hat eine Absicht; gesinnt zu sein läßt jedoch auf Gesinnung schließen.

Und jetzt formulieren wir mal ohne weitere Umschweife einen untadligen Satz: »Ich bin durchaus (sehr wohl) gesonnen, meiner Nichte Hannelore ein schönes Hochzeitsgeschenk zu machen, denn wir sind uns wohlgesinnt!«

Und bitte daran denken: Ich bin und bleibe Ihnen wohlgesinnt, selbst wenn Sie nicht gesonnen sind, meinen Gedankensprüngen brav zu folgen.

Der Wunk mit dem Zaunpfahl

Neulich hörte ich: Jemand habe sich verdingt. Nun wird »verdingt« vom Duden zwar nicht verteufelt, doch auch nicht gerade als hochsprachlich korrekt eingestuft. Richtig ist »verdungen«. Aber weiter: Entflechtet oder entflochten? Gewunken oder gewinkt? Frug oder fragte? Backte oder buk? Glomm oder glimmte? Ich habe das sprachlich vorzuziehende Wort jeweils an die zweite Stelle gerückt, und ich kann nur raten, vor allem die Ungetüme FRUG und GEWUNKEN möglichst schnell zu vergessen. Nicht alles – so ist es auf vielen Feldern des Menschenlebens – was erlaubt ist, muß schön und nachahmenswert sein.

Übrigens stak ich neulich in einer sprachstilistischen Krise. Sie war im Handumdrehen behoben, als ich mich fürs grammatisch zwar umstrittene, aber eben vernünftigere Wort STECKTE entschied und mich damit auf die Seite jener schlug, die ihre Muttersprache allzeit nicht pflogen, sondern pflegten.

Zumindestens

Es gibt gar nicht mal so wenig Leute, die verbale Steigerungen geradezu höhenrauschpathologisch praktizieren wie etwa extrem-sportbesessene Alpinisten das Erklimmen der Himalaja-Achttausender. Wenn sich beispielsweise ein ausreichendes menschliches Wortsteigerungspotential entschlossen hätte, VIELMALS und MEHRMALS mit dem Superlativ MEISTMALS zu krönen – die Steigerungsfanatiker gäben dieser Krönung meistheitlich grünes Licht. Aber reden wir nicht von künftigen Verrücktheiten. Aktuell sind Scheußlichkeiten zu hören wie ZUMINDESTENS und ZUMEISTENS.

In Fernsehinterviews und Talkshows begegnet man den Zumindestens-Kontaminierern zuhauf (demnächst vielleicht ZUHAUFST?). Es gibt die Wörter ZUMINDEST und MINDESTENS, es gibt die Wörter ZUMEIST und MEISTENS. Sie haben die freie Wortwahl, aber nicht das Recht, nach dem Muster »aus zwei mach eins« falschwortbildnerisch zu verfahren.

Wie steht der Kursus?

»Wann kann ich mit einem neuen Sprachkurs rechnen?«

»Gestatten Sie mir eine kleine Kurskorrektur: Es wird keinen neuen Sprachkurs geben, mein sprachlicher Kurs ist der bewährte alte. Falls Sie aber an einen neuen Sprachkursus für Deutsch-Anfänger gedacht haben, stehe ich gern zur Verfügung.«

»Daß Sie Ihr freundliches Entgegenkommen aber auch jedes Mal mit einem sprachlichen Rüffel verbinden müssen – Kurs oder Kursus, meines Wissens entspringen beide Wörter derselben Wurzel!«

»Sie sagen es! Die gemeinsame Wurzel ist das lateinische CURSUS. Aber zum Verdruß aller genialen Vereinfacher landeten zwei vom Stamm gefallene Äpfel nicht auf demselben Fleck, so daß wir KURS und KURSUS heutzutage keinesfalls in einen Apfelmustopf werfen können.«

»Ich danke fürs Obst! Im übrigen möchten die Kursusteilnehmer wissen, ob sie irgendwelche Bücher benötigen.«

»Gute Frage, ich möchte nicht Gefahr laufen, daß die Teilnehmer dieses ominöse Werk als Leitfaden meines Unterrichts betrachten.«

»Welches ominöse Werk?«

»Na, das Kursbuch.«

Barschaften

Neulich unterstellte mein Steuerberater meinen Auto-reparaturkosten buchhalterisches Talent: »Diese hundert-fünfzig Mark sind abzugsfähig!«

»Sind sie genaugenommen nicht abzieh- oder absetz-bar?« brummelte ich.

»Oder so«, räumte mein Finanzadvokat ein. Im stillen wird er sich gesagt haben: »Stengels Spitzfindigkeiten sind nicht akzeptionsfähig!« Es fiel ihm nicht im Traum ein, sie für unannehmbar oder meinetwegen inakzeptabel zu hal-ten.

> **Merke: Ein Subjekt (meist ein lebendiges, immer aber ein intelligentes oder technisch optimales) ist –FÄHIG, ein Objekt allenfalls –BAR.**

Parteien sind verhandlungsfähig, der Vertrag selber ist verhandelbar und womöglich zustimmungswürdig. Ein Gebäude ist sanierbar. Das Möbelhaus ist lieferfähig, die Ware lieferbar. Der Schuldner ist (nicht) zahlungsfähig, der Schuldbetrag ist zahlbar. Abziehbar sind auch Fahrtkosten, während das Verkehrsnetz verbesserungsfällig (nicht -fähig) ist.

Oder denken wir an das Wort denken: DENKFÄHIG ist jegliches intelligente Wesen. DENKBAR ist ein visionäres Ereignis. Als DENKWÜRDIG kann etwas Gegenwärtiges oder Zukünftiges von hohem Rang gelten.

Ergo: Diese Kolumne ist weder denkfähig noch denkbar, sondern allenfalls denkwürdig.

Unbillig

Mit dem Doppelsinn des Eigenschaftswortes TEUER ist oft (unfreiwillig) fahrlässig umgegangen oder (freiwillig) verschmitzt gespielt worden. Weil dieser Doppelsinn auch im Russischen funktioniert, mag Chruschtschows an Architekten gerichtete Anrede »Teure, allzu teure Genossen!« eher wirklich als legendär gewesen sein.

Beschränken wir uns aber auf TEUER in der Bedeutung von kostspielig, happig, klotzig und im Preis überhöht.

Selbstverständlich können Waren teuer (oder billig) sein: nicht nur Leberwürste, Kartoffeln, Kameras, Küchenmöbel, Lederjacken oder Opernkarten, sondern auch Postwertzeichen, Wohnungen und Laubengrundstücke.

Weder teuer noch billig aber sind Preise, Tarife, Miete oder Pachten. Die sind hoch oder niedrig. Glauben Sie mir: So astronomisch Ihnen Ihre Miete auch erscheinen mag – teuer ist sie nicht. Sie ist lediglich (viel zu) hoch, teuer indessen ist die Wohnung. Das gilt beispielsweise auch für die Eilbriefgebühr. Die ist hoch, nicht aber teuer. Teuer ist der Eilbrief. Und das teure Vaterland? Nun, da sind wir wieder beim Doppelsinn. Wie auch immer: Billig ist es nicht.

Das waren Beispiele ganz verschiedener Couleur. Sagte ich VERSCHIEDEN? Da ist er schon wieder, der wortsinnwechselfiebrige Kobold, der uns zu Autoren unfreiwilliger Komik qualifizieren möchte! Warnung: Sagen und schreiben Sie lieber nicht verschieden, wenn es sich um UNTERSCHIEDLICHE lebendige Wesen handelt! Verschiedene Menschen könnten immerhin auch verstorbene sein.

Das walte Kronos

Weitverbreitet ist das Mißverständnis, CHRONOLOGIE mit CHRONIK zu identifizieren. In jedem besseren Fremdwörterbuch wird Chronologie als Wissenschaft von der Zeiteinteilung und Zeitrechnung beschrieben, wogegen es sich bei Chronik um die Aufzeichnung geschichtlicher Ereignisse in der Reihenfolge ihres Geschehens handelt. Mit anderen Worten: Die Chronik ist eine Zeittafel. Die Chronik-Chronologie-Verwechslung ähnelt der Ethik-Ethos-Konfusion. Denn einerseits handelt es sich um Sittenlehre, andererseits um Sitte und Moral.

Die beliebten Jahresrückblicke der Zeitungen für den chronologisch interessierten Leser sind nicht als CHRONOLOGIE, sondern CHRONIK – chronologische Wiedergabe der Ereignisse vorausgesetzt – zu betiteln. Möge sich der angemessene Einsatz dieses Wortpaares zur chronischen Gesundheit qualifizieren.

Schluß und aus

Nicht jede verbale Neuschöpfung muß vor ihrer Absegnung in Wörterbüchern auf den Index gesetzt werden. Das Sortiment der Wortschatzkammer ist veränderlich: Alte Hüte kommen in den Reißwolf und werden durch neue volksmundgerechte Kreationen ersetzt.

Doch müssen wir bei aller Aufgeschlossenheit für wörtliche Neuigkeiten SCHLIESSLICH durch SCHLUSSENDLICH ersetzen?

Schon LETZTEN ENDES ist letzten Endes nicht der Weisheit letzter oder gar schlußendlicher Schluß. Aber wenigstens sollten wir LETZTLICH diesem perspektivisch vorherrschenden (ich ahne es!) SCHLUSSENDLICH vorziehen.

Unter uns: Immer wenn ich jemanden statt SCHLIESSLICH SCHLUSSENDLICH sagen höre, graut's mich vor der Zukunft des Schließmuskels. Sollte der etwa zum Schlußmuskel verkommen?

Halb und Halb

Wir haben es erlebt: Da konnte sich jemand mit dem Wort ZÖGERND nur zögernd anfreunden, und schon war die Variante ZÖGERLICH geboren. Ähnlich erging es dem Wort DRAUSSEN. Es mutierte zu AUSSEN VOR. Und neuerdings warf jemand das Wort HALB auf die Müllkippe, und es erhob sich wie Phönix aus dem Mülleimer dieses gespreizte Halbfabrikat HÄLFTIG.

Zwar wurden ZÖGERLICH (womöglich zögernd) und AUSSEN VOR (angeblich norddeutsch) von den Duden-Redakteuren als möglich abgesegnet, HÄLFTIG indessen gilt noch immer als nur zögerlich akzeptabel und sollte – wie lange noch? – außen vor bleiben. Nun ja: Wie ich die dudensche Toleranz inzwischen begriffen habe, wird wohl auch HÄLFTIG demnächst ins Gutdeutsch-Register aufgenommen werden. Und womöglich sogar drittlig, viertlig, zehntlig bis hin zu x-lig. Soweit die Perspektive.

Für die Gegenwart aber ist die Aussage eines Ehemanns denkbar: »Darf ich Ihnen meine besserhälftige Partnerin vorstellen?«

Der letzte Besuch

Das letzte Mal ist das letzte Mal – das letzte Mal für ewig und immer, das letzte Mal auch an irgendeinem Tag, in irgendeiner Woche, in einem bestimmten Jahr. Das letzte Mal schließt die Wiederkehr einer weiteren Letztmaligkeit aus. Sollte es wenigstens.

»Ich las das letzte Buch von Klauspeter Munkenpluntz.« Ist nicht das neueste gemeint, also das zuletzt erschienene? Es sei denn, Klauspeter Munkenpluntz hat inzwischen das Zeitliche gesegnet. Doch selbst dann könnte sich in seinem Nachlaß das wirklich letzte Buch anfinden.

Wenn der Nachrichtensprecher bekanntgibt: »Der Kanzler war das letzte Mal vor sechs Jahren in Polen«, meldet er falsch. Der Mann am Mikrofon hätte richtig sagen müssen: »Der Kanzler war zuletzt vor sechs Jahren in Polen.«

Merke: DAS LETZTE MAL macht einen Schlußstrich, ZULETZT indessen schließt Wiederholungstat nicht aus, macht sie sogar wahrscheinlich.

Treffen sich zufällig Paul und Otto nach zwölf kontaktlosen Jahren. »Mensch«, grübelt Otto, »wann haben wir uns eigentlich zum letzten Mal gesehen?«

»Du erschreckst mich!« antwortet Paul, »hoffentlich nicht heute!«

Wer Sorgen hat – hat ein Problem

Wo man geht und hört – Wortsinnverzerrungen und Wortsinnveränderungen gehören zu den verbalen Modemacken unserer Zeit. Bitte: Der Skisprung-Schanzenadler hat Probleme mit seinem linken Knie, der zölibatverdrossene Pfarrer Probleme mit seinem Bischof, der Allergiker Probleme mit sommerlichem Pollenflug, die Ehefrau Probleme mit ihrem Tag-für-Tag-Spätheimkehrer, die Bundeskanzlerin Probleme mit ihrem Verkehrsminister, das Mastschwein Suse Probleme mit seinem Metzger. Und so weiter. Probleme, soweit Ohr und Zunge reichen.

Die Aussage eines Politikers, »Wir bekämpfen diese Probleme und werden sie schließlich beseitigen!«, enthüllt und verdeutlicht den Mißbrauch des Wortes Problem, das in Wahrheit eine ZU LÖSENDE FRAGE bedeutet. Nun hat unser Politiker bestimmt nicht sagen wollen: »Wir bekämpfen diese ungelösten Fragen und werden sie schließlich beseitigen!« Um Gottes willen! Bekämpfung und Beseitigung von Fragen sind untaugliche Mittel zur Problembewältigung.

Der Aussage-Unsinn rührt eben von der Unzulässigkeit her, PROBLEME und SORGEN in einen Topf zu werfen.

Genaugenommen ist freilich schon Wilhelm Busch verdächtig, Probleme und Sorgen identifiziert zu haben. Er dichtete bekanntlich fromm-helenisch: »Es ist ein Spruch von ehedem: Wer Branntwein hat, hat ein Problem!« Oder?

Schwer im Magen

Einen, der behauptet, er habe drei Gläser Bier getrunken, muß man sprachlich korrigieren. Wer dagegen drei Teller Linsen gelöffelt hat, ist nicht zu tadeln. Warum zweierlei Maß?

Merke: Unterscheiden sich Einzahl und Mehrzahl eines Gefäßes deutlich, benutzt man in der Regel die Einzahl als Maßeinheit. Sind dagegen Einzahl und Mehrzahl völlig oder fast identisch, muß man die Gefäß-Mehrzahl als Maßeinheit benutzen.

Zwei Glas (nicht Gläser) Wein, zehn Faß (nicht Fässer) Petroleum, 20 Sack (nicht Säcke) Zement.

Der Witz »Wie? Du hast drei Teller gegessen? Da wirst du aber Sorgen haben mit der Verdauung!« kann aus jedermanns persönlichem Witz-Repertoire gestrichen werden. Die gegessenen Teller sind nämlich korrekt, wie es auch zwei verputzte Schüsseln Kartoffelsalat oder drei Kanister verfahrenen Benzins wären. Die angeblich getrunkenen Gläser Bier, Wein oder Selters indes sind eine artistische Glanzleistung, die wir im »Guinness« vergebens suchen.

Nebenbei bemerkt: Die Uhr (sowohl Zeitmaßeinheit als auch Chronometer) hat sprachlich noch niemanden scheitern lassen. Alle Leute formulieren brav: »Wir treffen uns 17 Uhr« und nicht »17 Uhren.«

Worte und Wörter

»Wie viele Worte noch, Herr Stengel, gedenken Sie Ihren Wortwechselbäderkuren zu unterziehen?«

»Worte? Keine.«

»Ein Scherz? Sie haben gewiß weitere Worte, die eine solche Behandlung verdienen!«

»Durchaus nicht. Allerdings fallen mir noch viele Wörter ein.«

»Jetzt weiß ich, worauf Sie hinauswollen. WORTE haben strenggenommen eine etwas andere Bedeutung als WÖRTER und umgekehrt, aber ...«

»Nichts aber! WÖRTER sind nun mal buchstäblich einzelne Wörter, wogegen WORTE eine Reihe zusammenhängender Wörter, einen Ausspruch oder auch eine längere Rede bezeichnen.«

»Wollte ich mich an Ihre Worte halten, Herr Stengel, müßte ich mich künftig vor allen SprichWÖRTERN hüten.«

»Warum denn?«

»Weil es keine Sprichwörter, sondern Sprichworte geben dürfte – oder?«

»Logik ist in sprachlichen Bereichen kein zuverlässiger Ratgeber. Wir müssen uns schon an die in Jahrhunderten gewachsenen Sprachnormen halten und im übrigen auf unser Feingefühl und unser Ohr verlassen.«

»Ihre Worte in Gottes Ohr, Herr Stengel. Und Ihre Wörter selbstverständlich auch.«

Empfindlich

In diesem Punkt wird es keinen Streit gebe: FINDEN und EMPFINDEN sind zweierlei. Aber deutschlandweit ist die Tendenz zu beobachten, Empfindungen nach englischer Art wie Fundsachen zu behandeln: »Ich finde es eine Frechheit, Knöllchen zu verteilen.«

Richtig: »Ich empfinde es als/ ich halte es für eine Frechheit.« Falls man sich hartnäckig für einen Findling entscheidet: »finde ich frech«.

Sie können meine Anmerkungen nicht »eine Beckmesserei finden«, sondern für eine Beckmesserei halten.

Doppelgänger

Zwiesprache

Es gibt Pleonasmen und Tautologien (beide Fachwörter stehen für Doppelmoppelwortbildungen), bei denen mit fataler Hartnäckigkeit an der Auffassung festgehalten wird, daß sie Bestandteile einer seriösen Sprache seien. Während man den exemplarischen WEISSEN SCHIMMELN, ALTEN VETERANEN und KLEINEN BAGATELLEN nur selten begegnet, wimmelt es in den sogenannten Medien von VOR-PROGRAMMIERTEN Konflikten, ZUKUNFTSAUSSICHTEN, VOR-AUSAHNUNGEN, RÜCKFRONTEN und MODETRENDS. Täglich hundertelfmal kann man gar »Ich wiederhole noch einmal« hören oder lesen.

Neulich sagte ein Parlamentarier: »Es könnte vielleicht möglich sein.« Das ist nun eine Tautologie im Quadrat! Richtig: Es ist möglich. Zweifelhaft: Es kann möglich sein. Dreifaltig: Es könnte möglich sein. Und der Vierer demnach: Es könnte vielleicht möglich sein.

Nur ein im Fauteuilsessel sitzender Doppeldreiundvierfachbildungsbürger wird solch multiples Strickwerk für letztultimativ sowie geschichtshistorisch mehrheitsüberwiegend daseinsexistentiell kreativ schöpferisch halten, obwohl es nichts anderes als ein Doppeldoppelschlag ins Kontorbürocomptoir ist.

Jedenfalls ist es mir lieber, wenn ein Leser diese Zeilen nur schlicht gut findet, als von ihnen euphorisch sehr außergewöhnlich enthusiastisch begeistert zu sein.

Mehrheitsvotum

Wenn ich jemanden sagen höre, die Mehrzahl der Kleingärtner habe sich für Otto Schulze als Vorsitzenden entschieden, oder die Mehrzahl der Rostbratwürste sei wegen des Sauwetters nicht verkauft worden, oder die Mehrzahl der Urlaubsfotos sei ein Schuß in den Ofen gewesen, möchte ich salopp und frei nach Bert Brecht kommentieren: »Nun, das also ist die Mehrzahl, wie aber steht's um die Einzahl?«

Meiner weitschweifigen Worte hintergründiger Sinn: Mehrzahl (Plural) ist das Pendant zur Einzahl (Singular), mitnichten jedoch das unbestimmte Zahlwort für eine Menge. Dieses Zahlwort heißt schlicht MEHRHEIT. Sogar Nachrichtensprecher verhältnismäßig seriöser Sendeanstalten bringen immer wieder die Mehrzahl dort ins Spiel, wo eigentlich die Mehrheit hingehört. Am widersinnigsten jedoch ist die Wendung DIE ÜBERWIEGENDE MEHRZAHL. Sie wird auch nicht richtiger, wenn Mehrzahl durch Mehrheit ersetzt wird, denn: Jede Mehrheit (ob eine von 50,1 oder 99,9 Prozent) ist überwiegend. Die überwiegende Mehrzahl (oder Mehrheit) ist also eine Doppelmoppelfloskel. Wer die Dimension einer Mehrheit genauer beschreiben möchte, muß sich schon für eine winzige, kleine, deutliche, große oder überwältigende Mehrheit entscheiden. Andernfalls gehört er zur überwiegenden Menge deutscher Sprachfrevler.

Kleines Päuschen

Bildunterschrift: »Hoch zu Roß sitzt Adelheid auf dem Weg zum Strandbad. Für den Fotografen legte das kesse Fräulein ein kleines Päuschen ein ...«

Das Tautologie-Sündenregister enthält eine Fülle gedoppelter Aussagen wie KLEINES PÄUSCHEN. Nach Einschätzung der Sprachpfleger, Sprachhüter und Sprachschützer dienen aber Diminutive (Verkleinerungsformen) dem Zweck, das Attribut KLEIN überflüssig zu machen. Ein Päuschen ist eben eine kleine Pause, ein Häusle ein kleines Haus, ein Rehlein ein kleines Reh, ein Brüderchen ein kleiner Bruder, ein Cleverle ein kleines Schlitzohr und so weiter. Genaugenommen ist schon das Zwerglein eine Tautologie, da ja auch ein Zwerg ohne -lein schon klein genug ist. Aber seien wir nicht kleinlich: Lassen wir, weil es so niedlich klingt, das Zwerglein gelten. Nur: Ein KLEINES ZWERGLEIN ist mir denn doch eine Nummer zu klein und sogar eine Spur absurder als Rostocks Doppelkleingemeinde Lütten Klein.

Köpfchen, Köpfchen

Wenn Leute mit dem Kopf nicken, stellt sich die Frage, womit sie wohl sonst hätten nicken können: mit den Ellbogen, mit den Kinnladen, mit den Schulterblättern? Seltsam: Kaum jemand kommt auf die Idee, Musik MIT DEN OHREN ZU HÖREN, bei Sonnenschein MIT DEN AUGEN ZU BLINZELN oder nach kühlem Bad MIT DER NASE ZU NIESEN. Nur das Nicken wird im Alltag, in Romanen, Feuilletons und Reportagen gar zu gern und gar zu oft sozusagen doppelkopflastig beschrieben.

Nun sollte freilich niemand aus soeben empfangener Lektion den Schluß ziehen, daß man die Wendung MIT DEN HÄNDEN GREIFEN genauso beargwöhnen müsse wie das lächerliche Nicken mit dem Kopf. Jahrhundertalte Redensarten sind als poetisch-tautologisch anzusehen und durchaus akzeptabel. Es genügt, wenn wir beim Nicken den Kopf weglassen. Beim Schütteln wird es dagegen problematisch, denn es gibt neben dem Kopfschütteln auch das Händeschütteln, den Schüttelfrost, Schüttelreime und das Schütteln mit Cocktailbechern zumal. Prost.

Schimmelbildung

Sowohl die Hinterfront als auch der Rücktitel haben sozusagen die Qualität eines schwarzen Schimmels, denn Front und Titel sind ohne RÜCK- und HINTER- jeweils nichts anderes als eine VORDERSEITE, so daß wir es bei Hinterfronten und Rücktiteln genaugenommen mit Hintervorderseiten zu tun haben. Da indes schwarze Schimmel zoologisch und stilistisch genauso umstritten sind wie weiße Schimmel (ein schwarzer Schimmel ist ein schwarzes weißes und ein weißer Schimmel ein weißes weißes Pferd) kann mein neuester Wortfund nicht länger geheimgehalten werden: Vorderfront. Eine VORDERE VORDERSEITE ist schon ein exotischer Knüller, der weder einerseits noch andererseits noch gar vorder- oder hinterseits vorstell- oder (wie flinke Neusprachbildner zu sagen pflegen) nachvollziehbar ist. Aber so ist das eben: Vernünftige Sprache geht vom Kopf aus. Man sollte nicht mit dem Hintern denken, schon gar nicht mit Vorder- oder Hinterhintern.

Angewiedert

»Die Schauspielerin ist gestern nach zweitägiger Behandlung in einem Krankenhaus in München wieder entlassen worden ...« Wieder? Es gehört zu den Merkwürdigkeiten der deutschen Sprache, daß auf Teufel komm raus »gewiedert« wird. Man höre und lese: »Er ist vom Urlaub wieder zurückgekehrt«, »Der mutmaßliche Täter wurde wieder auf freien Fuß gesetzt ...« Wäre die Schauspielerin mehrmals im Münchner Krankenhaus behandelt und entlassen worden, hätte unser Urlauber die Rückreise öfter als nur einmal absolviert, wäre der Delinquent in gewissen Abständen festgenommen und entlassen worden – dann, aber nur dann, hätte das WIEDER einen Sinn. Unsere Beispielsätze können indes gut und gern auf Wieder-Sprüchlichkeiten verzichten: »Die Schauspielerin ist gestern nach zweitägiger Behandlung in einem Krankenhaus in München entlassen worden«, »Er ist vom Urlaub zurückgekehrt« und »Der mutmaßliche Täter wurde auf freien Fuß gesetzt«.

Und ins Stammbuch des Stilisten: WIEDER ZURÜCK ist in den meisten Fällen eine Tautologie. Ein eheflüchtiger Gatte kann zwar zurückkommen (oder wiederkommen), wieder zurückkommen indessen nur nach mehrmaliger Eheflucht.

Aber bitte, liebe Leserinnen und Leser, streichen Sie das WIEDER nicht völlig aus Ihrem Wortschatz! Ich verabschiede mich nicht mit einem herzlichen »Auf Hören und Sehen«, sondern wie es sich gehört: Auf Wiederhören und auf Wiedersehen!

Doppelmoppel-Liste

Die deutsche Sprache strotzt vor doppeltgemoppelten Aussagen: Auseinanderdividieren, Zusammenaddieren. Absenken. Aufoktroyieren (hat inzwischen Oktroyieren verdrängt und ist erlaubt). Hinauszögern. Hochheben. Vorderfront. Hinterfragen. Ich kann mich zurückerinnern. Geschichts-historisch. Optisches Aussehen. Fallender Neuschnee. Verliehen bekommen. Geschenkt bekommen. Ausgehändigt erhalten. Akustische Geräuschkulisse. Schöpferisch kreativ. Austesten. Auskurieren. Satanische Teufelei. Vollständig komplett. Entfliehen. Rückantwort. Tierkadaver. Schwarzer Neger. Weißer Schimmel. Großer Hit. Alte Antiquitäten. Echt Gold. Zusammenharmonieren. Nachgrübeln. Die beiden Zwillinge. Äußerst extrem. Zentrale Mitte. Neue Novitäten. Das El-dorado. Großes Phänomen. Großes Ideal. Großes Idol. Knickriger Geizhals. Höllen-Inferno. Der große Clou. Rückerstattung. Steinalter Methusalem. Vollkommen perfekt. Problematische Frage. Großer Riese. Zusammenschrumpfen. Kleine Miniatur. Nachrecherchieren. Fachexperte. Bereits schon. Letzten Endes. Zugewinn. Es kann möglich sein. Öde Wüste. Kranker Patient. Alter Veteran. Runder Kreis. Krimineller Verbrecher. Karitative Fürsorge. Gefährliches Risiko. Ängstlicher Hasenfuß. Einzelne Details. Volksdemokratie. Gotteslästerliches Sakrileg. Die überwiegende Mehrheit. Kleiner Imbiß. Große Sensation. Erste Priorität. Andere Alternative. Erstes Debüt. Kleine Episode. Vorausahnen. Rückbesinnung. Letztes Ultimatum. Zukunftsvision. Breites Spektrum. Kurzer Aphorismus. Große Fülle. Ich wiederhole noch einmal. Der mögliche Favorit. Kleine Bagatelle. Rückstau. Prosanovelle. Versballade. Daseinsexistenz. Leidenschaftliche Passion. Ganz sehr.

Ein bißchen sehr

Ein Satz wie dieser ist natürlich unsinnig, aber ich habe ihn, fast wörtlich, neulich im Radio gehört: »Etwas ziemlich erheblich hat mich dieser Vorgang ein wenig stark erschüttert!«

Es gibt Wörter, die es eigentlich nicht gibt, die es aber trotzdem gibt, weil es sie eben gibt. Da nenne ich erstens HALLÖCHEN (von hallo), TACHCHEN (minimierter guter Tag) und SOOOCHEN (hört man, jedenfalls in Berlin, anstelle von SO), zweitens die AUFE Tür, das ABBE Bein, der SOZUSAGENE Satz, drittens schließlich so kraus-kuriose Wortbildungen wie NOCH UND NÖCHER, ENT- ODER WEDER, und SELBSTVERFREILICH. Allen diesen Wörtern und Signalen ist gemeinsam das (jedenfalls mehrheitliche) Bewußtsein ihrer Absender, daß es sich um verbalen Schabernack handelt. Wer käme schon auf die Idee, etwa das abbe Bein für hochsprachlich seriös zu halten. Insofern sind mir alle aufgezählten Ulkwörter lieb und teuer.

Aber warum hört man gar zu oft – auch bei Gelegenheiten, die hektische und törichte Formulierungen nicht unbedingt provozieren – so verschrobene Wendungen wie »Es ist mir ein bißchen sehr unangenehm ...«, »Er kommt meistens immer gegen sieben Uhr nach Hause« oder »Nein danke, ich habe bereits schon gefrühstückt!«

Muß ich erläutern, wieso alle drei Sätze gegen Sprachgefühl und Sprachverstand verstoßen? Doch wohl nicht. Wer sich ein BISSCHEN SEHR, BEREITS SCHON und MEISTENS IMMER durch den kühlen Kopf gehen läßt, wird sowieso erkennen, daß das eine das andere ausschließt oder doppeltgemoppelt ist.

Glauben Sie mir, man kann nur eins sein, nämlich meistens doof oder immer. Allerdings: Jener Bürger, der selten doof ist, darf als außerordentlich – und nicht nur in seltenen Ausnahmefällen – doof gelten.

Sage niemand, daß er lebenslang gegen solche und ähnliche sprachliche Oberflächlichkeiten gefeit sei. Wir alle sind Lernende bis zum letzten Atemzug. Schlimm ist nur, wenn jemand nicht im Traum daran denkt, seine Fehlleistung zu korrigieren. Schlimm und ein bißchen sehr traurig.

Menschenskinder

»Die Sachkompetenz bei der Problemlösung globaler Menschheitsfragen hat erste Priorität ...« Diesen Satz und ähnliche Wortketten-Ungetüme kann man in Debattierklubs – auch legislativsten und legislahöchsten – hören. Die zitierte Wort-Girlande ist Ohren-, Augen- und Zungenschmaus für qualifizierte Tautologen, denn doppelmoppelfrei klingt sie und liest sie sich schier kümmerlich: »Die Kompetenz bei globalen Problemen hat Priorität« oder auch (entfremdwortet) »Der Sachverstand bei der Lösung von Menschheitsfragen hat Vorrang«.

Einsichtig

Doppelsinnvermeidung ist die wichtigste Stilblüten-Prophylaxe. Ich kann beispielsweise nicht einsehen, daß ich meine Stasi-Akte einsehen könne. Einsehen – das ist genaugenommen etwas anderes als Einblick nehmen. Nicht jeder, der etwas einsieht oder eine Einsicht gewinnt, muß etwas EINGESEHEN haben. Sagen Sie nicht, das sei Wortklauberei. SEHEN und BLICKEN ist durchaus nicht dasselbe. Ein Politiker, der Verwerfungen in der sozialen Landschaft überblickt, ist mir allemal lieber als einer, der sie übersieht.

Verwarnung

Die doppelte Verneinung à la »Ich habe überhaupt keine Angst nicht gehabt« oder »Nichts Genaues weiß man nicht« ist als regionalspezifische (zum Beispiel bayrische) Abweichung von der Sprachnorm oder als Formulierungs-Schabernack nicht zu tadeln. Aber selbst bei Gewährung großer Toleranzbreite kann etwa dieser Satz »Wir haben ihn gewarnt, nicht zu schnell zu fahren!« unter gar keinen Umständen akzeptiert werden. Der berichtigte Satz muß lauten: »Wir haben ihn gewarnt, zu schnell zu fahren« oder »Wir haben ihn gemahnt, nicht zu schnell zu fahren«. Problematisch sind Sätze wie »Unsere Gäste werden gebeten, nicht zu lärmen und im Bett zu rauchen!« Möglich, daß der Wirt des Gasthofs doppelte Verneinung unterließ, weil er sprachlichen Fehltritt fürchtete. In unserem Fall ist jedoch ein zweites NICHT dringend erforderlich, weil sonst das Rauchen im Bett nicht als Verbot, sondern als Gebot mißverstanden werden könnte.

Dada dadermit

»Da kann ich mich nicht mehr dran erinnern!« sagte Brunhilde, und ich erwiderte boshaft doppelzüngig: »Da kannst du dich vor Gericht nicht drauf berufen!« Solche zwiegenähten Aussagen (weitere Beispiele: »Da sind wir noch einmal davongekommen«, »Da bin ich dafür«, »Da ist er grundsätzlich dagegen«, »Da kann ich nichts damit anfangen!«) deuten auf einen Dadaismus, der die Aussage-Geschmeidigkeit bremst. Nicht viel günstiger ist das Sprachresultat, wenn Dopplung zwar vermieden wird, aber ungeschickte Wortzerreißung stattfindet: »Da hab ich nichts von!«, »Da haben wir nichts mit zu tun«, »Ich nehme da keine Stellung zu!« und »Da steckt nicht viel hinter!« Möglich, daß Sie protestieren: »Mit so einer Lektion, dadermit kann ich nichts anfangen!« Nun ja: Etwas deutscher könnten Sie schon nörgeln.

Doppeltes Tun

»Was tun? spricht Zeus ...« Schillers Gedicht »Die Teilung der Erde« läßt mich immer mal wieder an den zwischen Zittau und Schäuble sprachüblichen hilfszeitwörtlichen TUN-Einsatz denken.

Tun ist aber kein Hilfszeitwort, sondern – wie ganz richtig bei Schiller – eindeutig ein Vollverb und mitnichten als Zeitwort-Krücke einzusetzen. Ebenso wie die sinnverwandten MACHEN, HANDELN, SCHAFFEN.

»Liebe Frau Tutenberg, wir kommen vom ZDF und möchten Sie interviewen.« – »Das tut mir nicht passen, ich tue gerade das Mittagbrot kochen.« – »Und ist Ihr Mann zu sprechen?« – »Nein, der tut gerade die Hecke schneiden. Und gestern taten wir Unkrat zupfen. Also wenn Sie meinen Mann interviewen tun wollen ...« Bis hierher und nicht weiter. Wer so oder so ähnlich sprechen tut, sollte schleunigst was unternehmen tun zum Anstieg und zur Stabilisierung seines Deutsch-Sprachpegels. Eile tut not, aber keinesfalls tut Eile not tun.

Rückstau und Vorahnung

Es ist freundlich, wenn das Radio den Kraftfahrer auf einen Stau aufmerksam macht. Wird die Warnung eindringlicher, wenn der Stau zu einem Rückstau qualifiziert wird? Stau – das versteht sich – geht immer nach hinten raus. Genauso wie die Erinnerung, die mir nicht als Rückerinnerung serviert werden muß, weil Erinnerung allemal in die Vergangenheit zielt und nicht (außer bei Erich Dänikens »Erinnerungen an die Zukunft«) ins Futur. Sogar bei der Rückantwort bin ich mir nicht sicher, ob sie sich als vernünftige Vokabel fühlen darf, denn die Firma, die mir brieflich eine Goldmünze anbot und der Sendung eine Rückantwortkarte beifügte, hätte von mir sowieso statt keiner Rückantwort weder eine Antwort noch gar eine Vorantwort erwarten dürfen. Aber: Wenn mich die Steuerbehörde womöglich bei einer Steuerüberzahlung ertappt, ist es mir wurscht, ob mir der zuviel gezahlte Betrag vom Finanzamt zurückerstattet oder schlicht erstattet wird.

Doch richten wir den Blick nach vorn, genauer: nach vorner. Wir haben nämlich nicht nur Ahnung, sondern Vorahnung. Der Unterschied zwischen Ahnung und Vorahnung ist etwa gleichzusetzen mit der Spannweite zwischen Perspektive und Zukunftsperspektive sowie Prognose und Vorprognose. Die Neigung, Tautologien und Pleonasmen zu produzieren, ist längst keine kleine Bagatelle mehr. Kleine Bagatelle? Einzelne Details? Erstes Debüt? Vormittägliche Matinee? Bereits schon?

In einer Anzeige las ich: Vodafone würde im Bereich Internet nichts hinzuaddieren. Aber vielleicht etwas auseinanderdividieren? Meine düstere Vorausahnung, pardon Ahnung: wegsubtrahieren, malnehmmultiplizieren. Da kann man nur seufzen: Verflucht und zwiegenäht.

Soll

Soll und Haben. Soll ich meines Bruders Hüter sein? Man soll den Tag nicht vor dem Abend loben. Wer soll das bezahlen?

Mir wird, frei nach Goethe, bei allen SOLLS so dumm, als ging mir ein Mühlrad im Kopf herum. Meyers Lexikon 1909: »Sollen unterscheidet sich von Müssen wie das Sitten- und Naturgesetz dadurch, daß die durch das erstere gebotene Handlung unterlassen werden kann, aber nicht unterlassen werden darf, ohne mißfällig zu werden, während von dem durch das letztere vorgeschriebene Geschehen eine Ausnahme überhaupt nicht stattfindet ...« Daraus soll einer schlau werden!

Wie auch immer: SOLL und SOLLEN verführen öfter zu Aussagedopplungen wie: »Er soll angeblich am Banküberfall beteiligt gewesen sein«, »Sie soll vermutlich nicht mit Frau XY identisch sein« oder »Möglicherweise soll die Regierung eine weitere Rentenbeitragserhöhung planen«.

Alles falsch. Das SOLL in unseren Beispielsätzen hat die Tendenz der Wahrscheinlichkeit, Möglichkeit, Eventualität. Es bedarf in diesen Fällen keiner Hinzufügungen wie angeblich, vermutlich, vielleicht usw. Alles klar? Oder seufzen Sie jetzt: »Ich weiß nicht, was soll es bedeuten?«

Eigenverantwortung

Jeder weiß, um Wilhelm Busch zu modifizieren, was so ein Ei-, was ein Eigenbrötler sei: nämlich ein Sonderling. Das Wort Brötler aber gibt es nicht. Auch kann man weder bei Eigenheim, bei Eigentoren, beim Eigensinn, dem Eigentum und etwa den Eigenschaften aufs EIGEN verzichten, ohne den Wortsinn zu verändern oder zu vernichten. Aber wie verhält es sich mit EIGENVERANTWORTUNG und EIGENINITIATIVE? Bisher konnte noch kein Philologe erklären, warum die mir übertragene oder von mir übernommene Verantwortung EIGENVERANTWORTUNG heißen muß. Auch meine Initiativen bedürfen, behaupte ich, nicht der tautologischen Eigeninitiative. Initiativen werden im Wörterbuch als »erste Anregung, erster Schritt zu einer Handlung und Fähigkeit, aus eigenem Antrieb zu handeln« beschrieben. Ob meine Ausführungen eigenartig oder vielleicht nur artig sind, entscheiden Sie, verehrter Leser.

Phrasenlatscher

Dafürhalten

»Guten Tag, Herr Stengel, dies ist nach meinem Dafürhalten der zwölfte Besuch, den ich Ihrem geschätzten Deutschunterricht abstatte.«

»Und wie ich vernehme, begehen Sie ihn mit kakophonischem Pomp! Dieses DAFÜRHALTEN, das Sie mir wieder einmal unter die Weste jubeln, sollten Sie aus Ihrem Sprachgebrauch tilgen.«

»Jedesmal, Herr Stengel, haben Sie an meiner Ausdrucksweise irgendwas herumzumäkeln. Nach meinem Dafürhalten überschreiten Sie die Grenzen der Höflichkeit.«

»Und Sie überschreiten die Grenzen zumutbaren Quatsches. Ein Segen für die Weltliteratur, daß der Geheimrat Goethe und nicht Sie den ›Faust‹ geschrieben haben.«

»Wieso ein Segen?«

»Aus Ihrer Feder wären ganz gewiß solche Mephisto-Szenen geflossen: ›Ich bin der Geist, der stets verneint. Und das nach meinem Dafürhalten mit Recht, denn alles, was entsteht, ist nach meinem Dafürhalten wert, daß es zu Grunde geht. Drum besser wär's nach meinem Dafürhalten, daß nichts entstünde ...‹«

»Gnade, Herr Stengel! Ich sehe ja ein, daß ich dieses dämliche DAFÜRHALTEN ausmerzen muß, aber wie?«

»Ganz einfach! Immer, wenn Ihnen dieses vermaledeite DAFÜRHALTEN entschlüpfen will, tun Sie das Umgekehrte!«

»Und was ist das Umgekehrte?«

»Dagegenhalten.«

Völlerei

Ein Theaterbesucher, der die am Vorabend genossene Egmont-Inszenierung als NIVEAUVOLL bezeichnete, war sich der Fragwürdigkeit seines Huldigungs-Prädikats offensichtlich nicht bewußt, und zwar insofern nicht bewußt, als er ein Wort benutzte, das es nicht verdient, zum seriösen deutschen Wortschatz zu gehören. Mit Recht steht es nicht im Duden, denn Niveau ist ein anderes Wort für Fläche, womöglich für Ebene – jedenfalls für ein Ding, das nicht im Traum daran denkt, voll oder leer zu sein. Ein volles oder leeres Niveau ist so unsinnig wie etwa ein hohes oder tiefes Volumen. Niveau kann immer nur mehr oder minder hoch und niedrig sein – schlimmstenfalls nicht vorhanden: niveaulos.

Ähnlich dumm ist die inflationär artikulierte oder notierte Vokabel VORWIEGEND – obwohl sie im Duden steht. VORWIEGEND ist nichts anderes als ein Sprachunfall, eine unsinnige Melange aus ÜBERWIEGEND und VORHERRSCHEND. Wer immer den Bastard VORWIEGEND in die Welt gesetzt hat – Weisheit war nicht im Spiel.

VORWIEGEND? Allenfalls ist eine Wurstverkäuferin vorstellbar, die ein vom Kunden beargwöhntes untergewichtiges Kilo Hackepeter vorwiegend als korrekt gewogen demonstriert. Eine vorwiegende Verkäuferin – nichts läßt sich gegen eine derartige Funktion und Formulierung einwenden.

Ganz anders denke ich über das Urteil eines Lesers, der mir womöglich bestätigt, daß diese Sprachglosse vorwiegend niveauvoll sei. Er sollte den Artikel noch einmal ganz langsam Zeile für Zeile studieren, um das vernünftige Fazit zu ziehen: »Ja! Er hat überwiegend hohes Niveau!«

Teile und dominiere!

Nach dem Ableben des Augustiner-Abts Johann Gregor Mendel sind die Wörter DOMINANT und REZESSIV von der biologischen Terminologie in die Umgangssprache übergetreten. Längst gelten nicht nur braune Augen und schwarze Karnickelfelle als dominant sowie blaue Augen und weiße Stallhasenpelze als rezessiv, sondern auch jeder Sportreporter weiß von dominanten österreichischen Alpinen oder dominanten deutschen Tenniscracks zu berichten. Dagegen ist wenig einzuwenden. Wer dominiert, spielt eine beherrschende Rolle, und wer dominiert wird, ist der Herrschaft überlegener Athleten ausgeliefert. Bedenklich wird die Sache allerdings, wenn, was immer öfter geschieht, transitiv dominiert wird, wenn also, sagen wir mal, Tomba den Wasmeier, Friedl den Hackl oder Kaufbeuren Weißwasser dominiert. Es fällt mir schwer nachzuweisen, daß transitives Dominieren dudenwidrig ist, aber mit einer sprachstilistischen Sternstunde haben wir es bei solchen Rede-Wendungen jedenfalls nicht zu tun. Ich bekomme immer Dominierenkoliken, wenn ich zum Beispiel höre: »Die Schauspielerin M. wurde von ihrem Ehemann verlassen, weil sie ihn jahrelang dominiert hatte!« Schöne Schweinerei. Auch weil mir das Wort Domina in Zeitungsannoncen öfter begegnet, habe ich ein Mißtrauen gegenüber dominierenden Vokabeln. Ich mag nicht glauben, daß man das Verb BEHERRSCHEN skrupellos durch DOMINIEREN ersetzen muß. Freilich gehe ich nicht so weit, ein striktes Dominierungsverbot zu fordern. Ich bin kein Choleriker. Ich kann mich beherrschen – pardon: dominieren.

Relativitätstheorie und -praxis

Es ist die reine und nicht nur relative Wahrheit: Erst mit Albert Einsteins Relativitätstheorie hat sich das Eigenschaftswort RELATIV umstandswörtlich in die deutsche Umgangssprache eingeschlichen – auch dort und dann, wo und wenn in den Jahren zuvor kein Mensch auf die Idee gekommen wäre, das Adverb VERHÄLTNISMÄSSIG durch einen quasi-mathematischen Terminus zu ersetzen. Plötzlich hörten sich ganz gewöhnliche Sätze gewählt und vornehm an: »Es geht mir relativ gut ...«, »Ich habe relativ wenig Lust ...«, »Es ist mir relativ egal ...«, »Wir sind relativ zuversichtlich ...« Ich kenne Leute, die nichts, aber auch gar nichts für verhältnismäßig gut oder verhältnismäßig (auch »ziemlich« wäre oft ausreichend) schlecht halten, sondern immer nur für relativ günstig oder relativ miserabel. Der Umstand, daß die von Einstein gemeinte Relativität mit dem deutschen Wort VERHÄLTNISMÄSSIGKEIT nicht identisch ist, stört die Relativitäts-Sprachdekorateure wenig. Achten Sie einmal beim Plausch in abendlicher Runde darauf, wie relativ oft relativiert wird und wie verhältnismäßig selten von Verhältnismäßigkeit die Rede ist. Wetten, daß ausgerechnet die RELATIV-Inflationäre noch nie etwas gehört haben von Einstein und dessen umwälzender Lehre? Sie sind nur relativ gewitzt und wissen: Wer bei Partygästen relativiert, macht einen relativ gebildeten Eindruck.

Schön geredet

Wie man so schön sagt. Auf deutsch gesagt. Ehrlich gesagt. Um es klar zu sagen. Es muß gesagt sein. Wie man zu sagen pflegt. Einschiebsel, Vorschiebsel, Nachschiebsel, die sich bei genauerer Betrachtung als leeres Stroh erweisen.

Schön und gut: Wer einem zu teutonisch geratenen Kraftausdruck einen Löffel Weichspüler hinzufügen möchte, der darf schon mal Versöhnung andeuten: »Du bist ein Sauhund – auf deutsch gesagt!« Oder wer tatsächlich etwas Witzähnliches, eine Schnurre oder ein hinlänglich geistreiches Bonmot auf der Pfanne hat, dem muß erlaubt sein, eine Schönaussage augenblinzelnd einzufügen: »Er ist ein pflanzenfreundlicher Bürgermeister. Er reißt, wie man so schön sagt, keine Bäume aus!« In den meisten Sprachfällen, besser: bei den meisten Sprachunfällen enthüllen sich Schön-, Deutsch-, Klar- und Ehrlichgesagtes jedoch als Gesülze. Ein Fußballspieler nach dem Match: »Als wir, wie man so schön sagt, den Spieß umdrehen wollten, was uns ehrlich gesagt nicht leicht gefallen ist, hat mir der Linksverteidiger von Grünweiß die Beine weggehauen, auf deutsch gesagt ...« Offen gesagt: Unsäglich!

Außen-vor-Eigentor

Wenn ich, immer mal wieder, eine sprachlich offensichtliche Torheit lese oder höre, zögere ich, den Fehltritt anzuprangern, weil ich ihn für eine Eintagsfliege halte. Wörter und Wendungen wie ANGEDACHT, die GANZEN LEUTE oder AUSSEN VOR kommen mir wegen ihrer Schieflage und Häßlichkeit zu kurzlebig vor, um Aufhebens davon zu machen. Fast immer habe ich mich getäuscht. In der Zeitung las ich:

»Inwieweit jedoch die Medien selbst ein solcher Faktor sind, diese Frage blieb eigentümlicherweise zumeist außen vor.« Was bleibt nicht alles – außer der hier zitierten Frage – AUSSEN VOR: Themen, Diskussionen, Konflikte, aber auch Arbeitslose, Demonstranten, Diplomaten, Bauer, Bürger, Bettelmann. Früher blieben die außerhalb, abwesend oder schlicht draußen, und der Globus drehte sich trotzdem. Mein Ratschlag: Lassen wir AUSSEN VOR außen vor!

In-Zucht

ETWA bedeutet etwa: ungefähr, zirka, grobgeschätzt, über den Daumen gepeilt, quasi, annähernd, auch beispielsweise. ETWA ist zwar kein unerhört schönes Wort, aber ein vernünftiges. Nun aber: Die ETWA-Fans haben sich inzwischen zu IN-ETWA-Freaks emporqualifiziert: »Sie ist in etwa fünfunddreißig Jahre alt«, »Der Flug nach Kopenhagen dauert in etwa zwei Stunden«, »Die Veranstaltung wurde von überwiegend in etwa fachkundigen Zuhörern besucht«, »In Monte Carlo war zu Weihnachten in etwa frühlingshaftes Wetter« und so in etwa weiter.

Abgesehen von der in-Novation der Vokabel ETWA zu IN ETWA ist der IN-Trend allgemein – pardon: IM allgemeinen unübersehbar. BEZÜGLICH ist der Wendung IN BEZUG AUF deutlich unterlegen. INSBESONDERE hat Vorrang vor BESONDERS, INSGEHEIM ist beliebter als HEIMLICH, 2003 ist weniger chic als IN 2003, und FALLS wird ausrangiert von IM FALLE. Diesen Satz las ich neulich in der Zeitung: »Im Falle er entschuldigt sich, kann von einer Bestrafung abgesehen werden!«

Im Falle ein Ausländer drückte sich derart verquast aus, kicherte sich ein arroganter Deutscher in etwa halbtot.

Das ist die Frage aller Fragen

Bei Betrachtung umgangssprachlicher FRAGEN-Komplexe kann man schon Komplexe bekommen. Was gibt es im Bereich der fragmentarischen Fragewortfamilie neuerdings nicht alles für Fragen (in Frage) zu stellen! Längst weiß der Fragesteller, daß es auf jede Frage zwei Antworten gibt: »Da bin ich überfragt!«, »Das muß man hinterfragen!« Nur eine tatsächliche, konkrete Antwort ist nicht einzuheimsen. Je heikler die Frage, desto fragwürdiger die Antwort. Wir alle haben uns resignierend daran gewöhnt, statt einer entschiedenen Antwort eine Gegenfrage kassieren zu müssen. Allenfalls wird das Frage-Antwort-Spiel von dem tautologischen Hinweis gekrönt, daß die gestellte Frage problematisch sei. Ignoranten und Flapse begnügen sich bei kniffliger Befragung sogar mit dem dünkelhaften Klischee »Frag mich was Leichteres!«

Substantivitis (I)

»Wir haben«, verriet mir der stolze Intendant, »sogar Lessings ›Minna von Barnhelm‹ zur Aufführung gebracht!«

»Aha«, staunte ich, »nicht also nur aufgeführt!«

»Wie bitte?« stutzte der Intendant.

»Schon gut«, winkte ich ab, »ich habe da nur so eine Feststellung getroffen beziehungsweise Bemerkung gemacht, um nicht simpel feststellen oder bemerken zu sagen.«

Der kluge Leser wird sich mit mir oft über die blasierte Substantivitis ärgern: Zur Aufführung gebracht (statt aufgeführt), Feststellung getroffen (statt festgestellt), in

Betracht ziehen (statt erwägen), Beifall spenden (statt applaudieren), den Kaufpreis entrichten (statt bezahlen), eine Reise unternehmen (statt verreisen), Unterricht erteilen (statt unterrichten), ein Geständnis ablegen (statt gestehen), ein Referat halten (statt referieren), Protest einlegen (statt protestieren), ein Studium absolvieren (statt studieren). Doppelt häßlich ist dieses ominöse Unterbeweisstellen statt beweisen, denn das eine hat mit dem andern sinngemäß nichts zu tun. Nur im Gerichtssaal stellt der Anwalt mit einem Beweisangebot etwas »unter Beweis«. Wer sich aber im Alltag juristisch-terminologisch äußert, beweist sprachliche Ignoranz. Die bedarf keiner Unterbeweisstellung.

Vernullung

Ich habe NULL Ahnung, ob die Ersetzung der KEIN-KEINER-KEINS-KEINE-KEINEM-Wortgruppe bereits hundertprozentig vollzogen ist, aber zumindest steht der absolute Null-Triumph unmittelbar bevor. Ich fürchte mich vor dem Tag, an dem sich kein beziehungsweise null Mensch nicht mal blaß daran erinnert, daß es vor unendlichen Zeiten eine Fernsehsendung mit dem Titel »Kein schöner Land« gegeben hat und daß allenfalls noch »Null schöner Land« über den Schirm flimmert. Ich befürchte, es besteht null Chance, dem Vernullungswahn Einhalt zu gebieten.

Horrorvision: Null Rose ohne Dornen. Null Feuer, null Kohle kann brennen so heiß ... Null Mensch muß müssen. Er kann null Wässerchen trüben. Ich habe hier nur ein Amt und null Meinung.

Aber immerhin ein Lichtblick: Das blöde IN KEINSTER WEISE wird verschwinden – zugunsten der hübscheren NULLSTEN Weise.

Gangarten

Auf meine, wie jedermann zugeben wird, nicht unproblematische Frage: »Wie geht's?« reagierten lediglich fünf Prozent der von mir befragten Personen mit der vernünftigen, aber witzlosen Antwort: Danke gut! Zwölf Prozent demonstrierten Ansätze von Mutterwitz und kicherten: Man kann gar nicht genug klagen! 22 Prozent bedienten sich einer erstaunlich deftigen Portion spitzbübischer Komik und krähten: Es geht, wenn es nicht gefahren wird. Oder auch: Gestern ging's noch! 26 Prozent der Befragten formulierten augenzwinkernd: Gut, wenn man das Schlechte nicht rechnet! 30 Prozent gar schwangen sich zu dem Nonplusultra-Bonmot auf: Schlechten Leuten geht's immer gut! Die restlichen fünf Prozent hatten keine Meinung. Ein Lachdichtot-Orden außer Rand und Band sowie mit der Aufschrift: Ex originelliente Jux sollte allen Matterhörnern – um nicht Knallhörnern zu sagen – des volkstümlichen Gangart-Antworthumors verliehen werden. Selbstverständlich undotiert, denn die Ordensträger sind durch die Bank wohlhabend. Die meisten haben schließlich freimütig offenbart: Schlechten Leuten geht's ... aber das hatten wir schon.

Klare Frage – klare Antwort

»Wie geht es Ihnen?« – »Ich sage mal, ganz gut!« – »Aha, Sie haben also einen sicheren Arbeitsplatz?« – »Ich antworte mal, einen halbwegs sicheren.« – »Aber mit Perspektive?« – »Ich schätze mal, wenn alles gut geht, vielleicht.« – »Und zu Hause?« – »Ich denke mal, Frau und Kinder sind einigermaßen zufrieden.« – »Na, da ist ja sozusagen alles in Butter!« – »Ich behaupte mal, ja!«

Diese Mode, von Mal zu Mal allemal und allzumal den Verben des Sagens und Denkens dieses vermaledeite MAL aufzumalen, ist ziemlich töricht, weil sie allen Aussagen einen nebulosen, verwaschenen Aussagewert verleiht. Cogito, ergo sum – so sprach der französische Philosoph René Descartes. Wäre er ein, sage ich mal, Heutiger und ein, spekuliere ich mal, vom Mal-Virus Befallener, hätte sich sein Statement, vermute ich mal, ins Gummideutsche übersetzt etwa so angehört: »Ich denke mal, also bin ich!«

Muckefuck

Ich hörte im Rundfunk diesen Satz: »In Ostdeutschland ist es so, daß vier Jugendliche um einen Arbeitsplatz kämpfen.« Es ist traurig, daß es so ist, daß vier Jugendliche um einen Arbeitsplatz kämpfen, aber ganz allgemein gesagt ist es ebenfalls traurig, daß es so ist, daß kaum noch irgend etwas mitgeteilt wird ohne Hinweis darauf, daß etwas so ist. Nehmen wir den Rundfunksatz und stutzen ihn gehörig: »In Ostdeutschland kämpfen vier Jugendliche um einen Arbeitsplatz.«

Ich weiß, daß ich mit diesem verkürzten Satz den Phraseuren die ganze Schwulstfreude vermassele, aber ich bleibe dabei: ES IST DOCH SO, DASS ... ist entbehrlich. Ich gehe noch einen Schritt weiter und behaupte: Auch die bei allzu moderaten Moderatoren und anderen im Schneckentempo vorwärtsformulierenden Langredezeitgenossen so beliebte Einlage UND DANN GESCHAH FOLGENDES ... ist, wenn nicht immer, so doch immer öfter kalter Kaffee. Und schließlich: »Wenn ich so sagen darf«, »Wenn Sie so wollen«, »Nach meinem Dafürhalten« und »Im Prinzip« gehören nicht minder zu einem phrasenreichen Kalten-Kaffee-Klatsch. Ach was – Kaffee! Das schmeckt eher wie Muckefuck.

Ausgangsausschluß

»Herr Bundeskriminalkommissar! Was haben Sie in der Doppelmordsache …?«

»Ich gehe davon aus, daß …«

»Schön und gut, aber immerhin sagen viele …«

»Zugegeben: Ich schließe nicht aus, daß die damit befaßten Instanzen …«

»Und wie verhält es sich mit den Ermittlungen bei diesem Bankraub mit Geiselnahme, zumal …«

»Nicht nur ich, sondern auch das zuständige Raubdezernat geht davon aus …«

»Offensichtlich oder, pardon, offenhörig besteht Ihr Artikulationsrepertoire nur aus den beiden Floskeln ›Ich gehe davon aus‹ und ›Ich schließe nicht aus‹. Wie wäre es, wenigstens gelegentlich ›ich vermute‹, ›ich glaube‹, ›ich bin der Ansicht‹, ›ich halte für möglich‹ oder schlicht ›kombiniere: Nichts Genaues weiß man nicht‹ einzuflechten?«

»Sie Schelm! Ich gehe davon aus beziehungsweise schließe nicht aus, daß Sie mich sprachlich aufs Kreuz legen wollen. Aber nicht bei mir. Eine doppelte Verneinung, davon gehe ich aus, verkehrt den Sinn der Aussage ins Gegenteil. Mein Deutsch hingegen, das sollten Sie keinesfalls ausschließen, ist einwandfrei!«

Schlechte Vorsätze

Es ist wegen nachweisbarer epidemischer VORSATZ-Seuche nötig, die Symptome dieser Krankheit mit wechselnden Schwerpunkten zu beschreiben und anzuprangern. Vorsatz-Seuche: Sie zeichnet sich durch umständlichen zeitschindenden Aufgalopp aus, statt gleich zur Sache zu kommen. Wer aber nicht zum Kern seiner Aussage kommt, ohne Phrasen wie »Es ist doch so, daß ...«, »Nach meinem ganz persönlichen Dafürhalten«, »Ich möchte mal sagen ...« usw. vorzuspannen, verschleppt Interviews oder Diskussionen auf unerträgliche Weise. Neulich lauschte ich einer Radio-Fragestunde. Drei Minuten vor Schluß der Sendung appellierte der Moderator an den letzten telefonischen Fragesteller, sich kurz zu fassen. Der Anrufer indes, offensichtlich ein tranfunzliger Phrasenlatscher, meditierte in schöner Beschaulichkeit: »Also ich hätte, um es kurz zu machen, hm, also ich hätte – hören Sie? – also eine, nun ja, genaugenommen zwei, aber eigentlich, wie gesagt, wegen der Kürze der Zeit mal nur im Prinzip eine Frage, nicht wahr, sozusagen ...« Das Zwölfuhr-Zeitzeichen schnitt dem VORSATZ-Sadisten das Wort ab. Leider nicht auch noch die Zunge.

Stück-weit

Groß in Mode ist seit fünf oder gar zehn Jahren das STÜCK. Die nahezu inflationäre Stückwerkelei geht mir denn doch ein Stück gegen den Strich. Nichts gegen ein Theaterstück, ein Stück Torte, ein Frühstück und ein Werkstück. Doch die Neunzigminuten-Sauna am Stück erscheint mir nicht nur medizinisch, sondern auch stilistisch wenig empfehlenswert. Auch weigere ich mich zu verstehen, was ein Leser meint, dem ein Buch EIN STÜCK WEIT (bis Seite 35 oder 48?) gefallen hat.

Weil Sie meine Abneigung vermutlich EIN STÜCK WEIT teilen, fällt die Kolumne kurz aus, und ich bedaure das KEIN STÜCK WEIT.

Phrasologisches

Wenn meine Kindeskinder von ihren Kindern und Enkelkindern dereinst gefragt werden, wie ich, der Ur- und Ururopa, am Beginn des 21. Jahrhunderts als Kabarettist und Dozent so (vor-mich-hin-)geredet habe, könnte die Auskunft etwa so lauten: »Im Prinzip und überhaupt kam es ihm darauf an, wie er bei seinen Zuhörern ankommt, ob er's rüberbringt und ob er davon ausgehen kann, daß sein Publikum echt nachvollzieht, was er im Vorfeld oder im nachhinein, wenn auch relativ zögerlich, aber niemals außen vor und immer in Größenordnungen ...«

So wahr es ist, daß Sprache kein stehendes Gewässer, sondern reißender Fluß ist, so gewiß sollten wir scheinbaren vokabularen Neuigkeiten mit Mißtrauen begegnen. Nur mürrisch nehme ich zur Kenntnis, daß dem Wort ZÖGERLICH der Vorzug vor zögernd, bedächtig, gemächlich, trödlig, hinhaltend, aufschiebend, saumselig gegeben wird. Ich erkläre: ZÖGERLICH ist keine Wortschatz-Bereicherung, sondern eine peinliche Entgleisung. Wer Ohren hat, empfindet jegliche ZÖGERLICHKEIT ähnlich krampfig und überflüssig wie die Dreier-Errungenschaft IM VORFELD, IM VORHINEIN und IM NACHHINEIN. Ich setze die Wörter VORHER und NACHHER dagegen. Auch wenn man mich belächelt und IM VORFELD einen Dinosaurier schimpft.

Ein Nach-, Rück- oder Hinterfeld kommt nicht vor. Immer und überall, wenn etwas geschieht, bevor etwas geschieht, geschieht es im VORFELD. »Schon im Vorfeld zeichnete sich ab ...« Düstere Ahnung immer und überall dort, wenn das Umfeld seismologisch instabil ist. Und das Feld als solches?

Das Feld spielt im Alltag keine Rolle. Es wird weder ins Blickfeld genommen noch gerät es in dasselbe. So ein Satz wäre ja auch lächerlich: »Was sich im Vorfeld schon abzeichnete, erlangte im Feld grauslige Realität.«

Das Vorfeld hingegen lechzt nach größerem Einsatz: Der des Feldes zu verweisende Fußball-Rowdy sollte im Vorfeld erst einmal einen Vorfeldverweis bekommen; dem Bett im Kornfeld könnte ein Bett im Vorfeld vorgespannt werden; häufigere Erwähnung sollten Vorfeldmäuse, Vorfeldgendarmen, Vorfeldflaschen, die Vorfeldpost und der Vorfeldmarschall finden. Das ist, um mit Fontane zu sprechen, ein weites Vorfeld, gewissermaßen ein Feld IN GRÖSSENORDNUNGEN.

Ja, wie groß ist denn nun das Feld? Ergo, wieviel wird gezahlt, wenn, sagen wir, die Deutsche Bank IN GRÖSSENORDNUNGEN investiert? Oder wieviel fehlt, wenn die Deutsche Bahn IN GRÖSSENORDNUNGEN Schulden einfährt? Ist von einer bestimmten Summe die Rede oder von einer nur Finanzexperten bekannten Größenordnungswährung? Wahrlich, IN GRÖSSENORDNUNGEN ohne Bezifferung des Geld- oder Investitionsvolumens oder auch der Schuldensumme ist ein alter Quark, der mit einer deftigen Größen-Ordnungsstrafe geahndet werden sollte. Am besten mit einer Lektion Deutschunterricht. Meinetwegen auch in Übergrößenordnung! Können Sie das NACHVOLLZIEHEN?

Obwohl sich die nebulose Tätigkeit des Nachvollziehens im modernen Sprachgebrauch längst einen festen Platz erobert hat, ist sie schwerer zu definieren als nachzuvollziehen. Wenn da jemand anmerkt, das Rheumaleiden seines Nachbars sei für ihn SCHWER NACHVOLLZIEHBAR, dann frage ich mich, ob dieser Satzbildner wirklich danach strebt, selber Rheumatiker zu werden. NACHVOLLZIEHEN? Man höre sich an, was da alles nicht oder schwer nachzuvollziehen ist: das Sparkonzept der Koalitionäre, der Sexualtrieb des Kinderschänders, der Streit um den Fußballtrainer, die Rechtschreibreform.

NACHVOLLZIEHEN? Nichts als eine geschwollene Phrase. Je nach Thema und Gegenstand wüßte ich für alle Nachvollzöglinge ein paar vernünftige Verben: Nachempfinden, verstehen, einordnen, nachfühlen, durchschauen, kapieren.

Hartnäckigen Nachvollzöglingen empfehle ich Nachvollzugsentzugs-Therapie in einer Nachvollzugsanstalt.

Kein Thema?

Reporter und Profifußballer: »Wie sieht es aus mit einem Vereinswechsel?«

»Kein Thema!«

»Ihre Kniebeschwerden?«

»Kein Thema!«

»Zur Zeit wird spekuliert über Ihr gestörtes Verhältnis zum Trainer. Ist da was dran?«

»Kein Thema!«

Es ist zum Verrücktwerden! Der Reporter muß sich mit dem Stereotyp KEIN THEMA abspeisen lassen. KEIN THEMA ist fast ausnahmslos eine superflezige Rotzfrechheit und eine hohlkehlköpfige dazu. Es ist zu fürchten, daß einem auch im täglichen Leben auf die Frage »Wie geht's?« demnächst dieses laxe »Kein Thema!« entgegenhallt. Bald kann sich wohl auch der wagemutigste Angestellte eines Automobilkonzerns nicht mehr getrauen, den Chef um eine Gehaltserhöhung zu bitten, weil dieser dem Bittsteller womöglich wortlos die gelbe Karte zeigt, auf der die abgedroschenen zwei Wörter stehen: kein Thema.

Tiefschlagzeilen

Blüten, Krabben, Leichen, Nackte

Neulich in der beliebten Kinderfernsehsendung Sesamstraße: »Die kleinen Krabben kippen die Fischer zurück ins Meer ...« Dann die Zeitungsschlagzeilen: »Sechzigtausend Hundertmarkblüten haben Polizeibeamte sichergestellt ...« und »Eine teilweise verkohlte Leiche hat die Feuerwehr nach dem Löschen eines Wohnungsbrands gefunden.«

Es ist die alte journalistische Laxheit, bei der sich die berühmte Lenin-Frage mit freilich ganz anderem Akzent stellt: Wer wen? Weil stilblütentreibende Krabben-, Falschgeld- und Feuerwehreinsätze in den Medien und natürlich erst recht im Alltagssprechverkehr fröhliche Urständ feiern, frage ich mich von Formulierungsunfall zu Unfall: Warum bedienen sich Satzbildner bei Aussagen, die eine Verwechslung von Subjekt und Objekt begünstigen, nicht vorbeugend des Passivs (deutsch: der Leideform)? In der Sesamstraße sollte selbstverständlich von Fischern die Rede sein, die kleine Krabben ins Meer zurückkippen. Der Texter wollte, was jeder versteht, die kleinen Krabben (das Objekt also) an den Satzanfang stellen. Schön und gut. Aber: Aktivisch muß so ein Satz (siehe oben) ins Auge und den Fischern ans Leben gehen: Krabben kippen Fischer ins Meer! Im Passiv wäre alles gut gegangen, nämlich: »Die kleinen Krabben werden von Fischern zurück ins Meer gekippt.« Die Meldung »Sechzigtausend Hundertmarkblüten wurden von Polizeibeamten sichergestellt« und »eine Leiche wurde von der Feuerwehr gefunden« wären ebenfalls nicht zu beanstanden. Niemand müßte angesichts medizinischer Erfahrung eine Leiche für fähig halten, die Feuerwehr aufzuspüren, es sei denn, daß die Leiche tatsächlich nicht verkohlt war, sondern verkohlt worden ist.

Auch die sensationelle Meldung über Nacktstreifen der

Polizei wäre durch beherzten Griff nach dem Passiv unterblieben. Die Meldung im Berliner Kurier lautete: »Siegburg. Splitternackt und sturzbetrunken (2,52 Promille) stoppte die Polizei im Rheinland eine Autofahrerin (20) ...«

Komik der oben beschriebenen Art gibt es schon in Volksliedern. Jeder kennt: »Apfel, Nuß und Mandelkern essen kleine Kinder gern!« Auch hier könnte man fragen: wer wen? Aber weil es über Jahrhunderte keinem Apfel, keiner Nuß und keinem Mandelkern je eingefallen ist, kleine Kinder zu verspeisen, sollte man respektvoll davon absehen, am überlieferten Text herumzukritteln.

Wer hat, der hat

Mir hat eine Laus über die Leber gelaufen. Und nicht nur das. Außerdem hat mir das moderne Sportreporterdeutsch an die Nieren gegangen, eine Eigentümlichkeit, die seit Jahren in unsere Muttersprache eingesickert hat. Ich habe nie ein Schulmeister gewesen, doch habe ich stets für eine einigermaßen vernünftige Sprache eingetreten.

Es ist leider üblich, daß unsere medialen Leibesübungsvermittler Formulierungen strapazieren, die jenseits von Konrad Duden angesiedelt sind: »Er hat Jahresweltbestzeit geschwommen«, »Sie hat endlich mal wieder über sieben Meter gesprungen«, »Er hat unterhalb des Limits geritten«, »Unsere Radsportler haben immer vorn gefahren« oder »Der italienische Achter hat hoffnungslos abgeschlagen hinterhergerudert«.

Sind wir nicht Erben und Abkömmlinge Martin Luthers, Gotthold Ephraim Lessings und Franz Mehrings? Antwort der Sportreporter: »Die haben doch längst gestorben!«

Hochkunst?

Neulich las ich von einem Pianisten, der sein Auditorium DURCH HOHES KÖNNEN beeindruckte. Bei dieser Formulierung erinnerte ich mich an Referate, in denen von BREITEN KREISEN DER BEVÖLKERUNG, BREITER ZUSTIMMUNG oder gar von BREITESTER MASSENINITIATIVE die Rede war. Aber zurück zur Höhe und zur Breite.

Warum eigentlich sind vielen Journalisten, Sachbearbeitern und Parlamentariern Höhe und Breite lieber als schlichte Größe? Gewiß, ein hohes Staatsamt, ein breiter Graben, ein hohes Tier und ein breiter Fächer sind nicht zu beanstanden, aber auf breite Zustimmung, hohe Leidenschaft, breites Interesse und hohe Erwartungen kann ich verzichten.

Grundsätzlich: Man befördere Großwildjäger nicht zu Hochwildjägern, Großmäuler nicht zu Breitmäulern und schon gar nicht den Großmut zum Hochmut. Am traurigsten aber wäre ich, wenn mich meine Enkel eines Tages vom Großvater zum Breitvater qualifizierten.

Über den Tod hinaus

Eines Spätsommertages alarmierte die Berliner Zeitung ihre Leser: Gemälde von Cranach geraubt. Das war ja nun in der Tat eine Sensation, die als gefundenes schlagzeilenfettes Fressen eher zum kulinarischen Repertoire der Boulevardpresse als in den Feuilleton-Teil eines seriösen Hauptstadtblatts paßt. Gemälde von Cranach geraubt. Bis dahin ahnte niemand, daß Cranach nicht nur ein bedeutender Maler war, sondern als aktueller Gemäldedieb sein Unwesen treibt. Oder?

Mir fällt auch eine Zeitungsmeldung ein, welche uns darüber informierte, daß Briefe von Einstein versteigert wurden.

Und jetzt mal ganz im Ernst: Die fatale Zweideutigkeit dieser Nachrichten resultiert aus der unterschiedlichen Auslegbarkeit des Wörtleins VON. Ich frage: Warum haben Redakteure und Journalisten panische Angst vorm Genitiv? Das wären noch gute und sinnklare Überschriften: Gemälde Cranachs geraubt und Briefe Einsteins versteigert. VON ist öfter entbehrlich, als man glaubt. Und, Hand aufs Herz, lesen nicht auch Sie Fontanes Romane lieber als Romane von Fontane?

Um zu

Der Satz »Wie vom Blitz getroffen sackt der Autor in seinem Sessel zusammen, um anschließend pfeilschnell aufzuspringen und das Mikrofon zu ergreifen ...« wäre als Bestandteil der humoristischen Literatur schön und unanfechtbar. Da er aber aus fernab komischer Absichten formuliert wurde, erinnert er etwa an die Stilblütenformulierungen »Er fuhr als Urlauber nach Spanien, um dort drei Tage nach seiner Ankunft beim Baden zu ertrinken« oder »Er brach in eine Sparkasse ein, um dort beim Aufbrechen des Safes von der Polizei festgenommen zu werden« oder »Er setzte in Monte Carlo sein ganzes Vermögen auf Schwarz, um alles zu verlieren«.

Was soll ich noch erklären! Jeder Sprachkundige weiß, daß UM ZU eine Absicht voraussetzt und nur bei angestrebtem komischen Effekt eine unbeabsichtigte Folgeerscheinung ankündigt. Etwa so: Ich schrieb diese Sprachglosse, um von den Lesern gründlich mißverstanden zu werden.

Zwiegespräche

Der Frühstücksfernseh-Meteorologe: »Das Hoch habe ich schon angesprochen ...« Sprach's und wandte sich den Temperaturen zu. Wie ich Hochs kenne, sind dieselben mufflig: Sie reden nicht mit jedem.

ANGESPROCHEN. Es ist, wie jeder taktvolle Mensch empfindet, unfein, mir nichts, dir nichts irgendeine Person anzusprechen. Und schon gar die Hochs, Tiefs, den Wind, die Temperaturen, von denen wir nicht einmal wissen, ob sie zu einem Dialog aufgelegt sind.

Was wird nicht alles echoverweigernd angesprochen: vaterländischer Stolz, die Pflegeversicherung, Mobbing am Arbeitsplatz, der geplante Sommerurlaub ...

Wie auch immer: Das Ansprechen von irgendwelchen Problemen, Plänen und Projekten stand schon zu DDR-Zeiten auf der Tagesordnung. Fast berührt es mich nostalgisch, daß der Gesprächsfaden nicht abgerissen ist.

Neulich las ich die Variation eines so ähnlich formulierten Satzes: »Bei uckermärkischen Bauern sind vor allem Rinder und Schafe im Gespräch ...« Ich ahnte es schon immer: Nicht nur Papageien sind zur Wortlautbildung befähigt.

Seit an seit

Von dem am gestrigen Tag verstorbenen Schriftsteller wußte die Zeitung zu berichten, er sei »seit längerem schwer erkrankt« gewesen.

Ich zweifle nicht, daß der Schriftsteller seit längerem schwerkrank war, aber erkrankt war er weder SEIT noch VON-BIS, sondern jedenfalls nur zu jenem tückischen Zeitpunkt, als der Patient krank wurde.

Glauben Sie mir: Ich lebe seit dem 30.7.22, aber ich bin nicht seit dem 30.7.22 geboren, und mein Berliner Leib-und-Magen-Bäcker besitzt seinen Laden zwar seit 1987, hat ihn jedoch nicht seit 1987 gegründet.

Aber nichts für ungut: Alle Stengelzeilenleser sind mir lieb und teuer zu allen Zeitpunkten und dauerhaft allemal seit aller und bis in alle Ewigkeit.

Geschehmatismus

Was geschieht? Vor allem das Geschehen. Aktuelles Sprachgeschehen läßt ein Geschehen nach dem andern geschehen: Baugeschehen, Verkehrsgeschehen, Wetterge-schehen, Wettgeschehen, Besamungsgeschehen, Regie-rungsumzugsgeschehen, Schwerkriminalitätsgeschehen, Skandalgeschehen, Bundespräsidialamtskandidatennomi-nierungsgeschehen, Ladenschlußzeitendiskussionsgesche-hen, Straßenumbenennungsgeschehen. Bedrohlich rücken Ereignisgeschehen, Begebenheitsgeschehen, ja, sogar Geschichtsgeschehen in die Spalten der Journale vor.

Dennoch ein Lichtblick: Eine Tageszeitung ersetzte die Rubrik-Schlagzeile LICHTSPIELTHEATERVERANSTALTUNGSGE-SCHEHEN revolutionär durch das Schrumpfwort KINO.

Es geschehen also noch Zeichen und Wunder, und man sollte angesichts so kühnen Wortverkürzungsgeschehens vielleicht vorsichtig optimistisch von einem gewissen Zei-chen-und-Wunder-Geschehen sprechen.

Teuerungen

Kaffee wird teurer! Diese Schlagzeile schreckte eines Tages Tchibo- und Jacobs-Dauerkunden. Zu denen gehöre auch ich. Dennoch ist unsereins ruinösere Preissteigerungen gewohnt. Bei Nahverkehrsmitteln, Wohnungen und Benzin zum Beispiel. Das Kaffee-Defizit läßt sich immerhin ausgleichen. Aus meinem Briefkasten angle ich fast jede Woche Einladungen (mit gratis Kaffee und Kuchen) in noble Hotels zu Werbeveranstaltungen jeglicher Art: für Qualitätsweine, Handkreissägen, Teppichböden, Scientology. Nun aber ein neuer Tiefschlag: RASEN WIRD TEURER! Liebe Laubenpieper! Bevor Sie in Ohnmacht fallen, ist Entwarnung angesagt. Nicht der, sondern das Rasen wird teurer – warnt die Polizei.

Ach ja: Es ist ein Kreuz mit Zeitungs-Schlagzeilen und den sogenannten Homographen (oder Homogrammen), also Wörtern, die bei gleicher Schreibung unterschiedliche Bedeutung haben und auch unterschiedlich ausgeprochen werden können. »Erste Kraniche rasten an Ostseeküste.« Rasende Kraniche, die von Skandinavien ins Flachwasser der Darß-Zingster Boddenkette düsen? »Erste Kraniche machen an der Ostseeküste Rast« ließe keinen Doppelsinn aufkommen.

Pluralismus

Vielleicht nicht für jedermann, aber mindestens für Journalisten, Kommentatoren und Moderatoren gehört zur Bildung die Mehrzahlbildung. Aber ach! Wie oft höre ich im Radio »die Israeli«, als ob es eine Einzahl »der Israelo« gäbe. Der israelische Bürger ist aber ein Israeli, und im Plural handelt es sich um Israelis. Es gibt indessen noch mehr fehlartikulierte Singular-Plural-Pärchen. Richtig sind Mafioso-Mafiosi, Visum-Visa. Wir müssen uns wohl daran gewöhnen, daß wir den Plural jedes Worts, namentlich aller Lehn- und Fremdwörter, lernen und nicht nur ahnen dürfen. Es heißt zwar Zirkusse und Krokusse, nicht aber Kaktusse und Zyklusse.

Doch ich rechne mit dem Schlimmsten, nämlich damit, daß üble Tricks – wie bei Park und Parke der Neophilologen – überhand nehmen und schließlich statt der Benzintanks Benzintanke zum Pkw-Rüstzeug gehören. Dafür betank ich mich herzlich.

Weit, weit ist es her

»Also, zu Ostzeiten war es so ...« Inzwischen weiß ich, was die Boulevardblätter meinen, wenn sie von OSTZEITEN sprechen: die DDR. Kurios ist freilich, daß es eben nur Ost-, aber nicht West-, geschweige denn Nord- und Südzeiten gibt. Je nun, wie gesagt, zu Ostzeiten war es so und so. Ein Pendant zu den skurrilen Ostzeiten ist das oft zu lesende EHEMALIGE WESTBERLIN. Strenggenommen läßt diese Ortsangabe vermuten, daß es einen Berliner Westen gab, den es aktuell entweder nicht mehr gibt oder der neuerdings zu einem nordsüdöstlichen Berlin konvertiert ist. Nun ja, wer von den Ex-DDR-Bürgern erinnert sich schon, daß zu Ostzeiten Eisenach und Worbis geographisch im Westen, Passau und Bad Reichenhall längengradig etwa wie Stralsund und Annaberg-Buchholz im Osten lagen?

Aber das ist schon wieder eine andere East Side Story.

Exeinmaleins

»Da die Veröffentlichung seiner Arbeiten zunehmend be- und verhindert wurde, verließ der Schriftsteller die damalige DDR ...«

Genaugenommen entbehrt die DAMALIGE DDR aus aktueller Perspektive, also im Blick auf ein historisches Staatsgebilde, nicht der Komik, denn in der Vergangenheit war die DDR schließlich mitnichten etwas Damaliges, sondern etwas durchaus real Existierendes. Also: Der Schriftsteller verließ (damals) nicht etwa die damalige, sondern schlicht die DDR.

Ich habe zwar schon öfter auf den Unsinn der DAMALIGEN oder EHEMALIGEN oder EX-DDR bei Geschichten aus der Vergangenheit hingewiesen, aber ich sage heute nochmals und ein- für allemal: Gera ist eine Großstadt des Freistaates Thüringen in der Bundesrepublik Deutschland und liegt auf dem Territorium der ehemaligen DDR. Bis 1990 war Gera Bezirksstadt der DDR.

Ich hoffe, mich verständlich und historisch-philologisch korrekt ausgedrückt zu haben, ich, ehemaliges Kind der ehemaligen Weimarer Republik mit dem ehemaligen Reichspräsidenten Friedrich Ebert an der ehemaligen Spitze.

Leichtgewicht

Neulich las ich »Verkehrstote im Osten nehmen ab!« Zugegeben: Ich ahnte, ja, ich wußte sogar, was der Verfasser dieser Zeitungsüberschrift meinte, aber ich konnte nicht umhin, die Formulierung komisch zu finden. Selbstverständlich nehmen Verkehrstote ab. Alle Toten nehmen ab. Sterben zehrt eben. Ein Verstorbener wiegt nach seiner Beerdigung weniger als zu Lebzeiten – gar nicht zu reden von einem Eingeäscherten. Warum sollten da ausgerechnet Verkehrstote ihr Gewicht stabilisieren?

Gönnen wir Journalisten – vor allem denen von der Schlagzeilenpresse – Einsparungen und Verkürzungen. Aber lassen wir Schabernack und den sogenannten schwarzen Humor nicht ins Kraut schießen. Verkehrstote nehmen ab? Verkehrstote nehmen zu? Soviel Druckerschwärze muß für eine korrekte Überschrift schon vorhanden sein, um Verkehrstote vor dem Ab- und Zunehmen zu schützen. »Die Anzahl der Verkehrstoten im Osten nimmt ab (oder nimmt zu)«.

Zehn Anschläge auf der Schreibmaschine mehr, aber ein Anschlag auf den guten Stil weniger.

Sinneswandel

Längst ist das Knappendeutsch VOR ORT von den Journalisten annektiert und umgedeutet worden, und wenn sie früher sagten: »Der Ministerpräsident begab sich an Ort und Stelle«, heißt es neuerdings »… begab sich vor Ort«. Nehmen wir's gelassen. Es gibt unendlich viele Beispiele für semantische (Bedeutungs-)Veränderungen. RASANT ist eigentlich FLACH VERLAUFEND, GESTRECKT (bei der Flugbahn von Geschossen), aber mittlerweile steht in den Zeitungen RASANT für SEHR SCHNELL, RASEND, BLITZARTIG. Wir müssen's wohl erleiden und akzeptieren – täglich und allerorten. Und natürlich erst recht vor Ort.

Grundsätzliches

Zeitungsmeldung: »Sonntag gegen 1.50 Uhr kam auf dem Tempelhofer Damm ein mit acht Personen besetztes Auto aus bisher nicht geklärten Gründen von der Fahrbahn ab und prallte gegen einen Ampelmast ...« Die Komik der Formulierung liegt auf der Hand sowie im argen: Ein Auto, zwar mobile, aber gleichwohl nichtdenkende tote Materie, hatte Gründe, von der Fahrbahn abzukommen und gegen einen Ampelmast zu prallen? Hatte also Gründe, Beweggründe, sozusagen Motive wie ein höchstintelligentes Wesen, welches, ausgestattet mit Geist und Gefühl, zu erwägen und zu beschließen vermag, von der Fahrbahn abzukommen und gegen einen Ampelmast zu prallen?

Insgeheim und sowohl im theologischen als auch im metaphysischen Sinn mögen Feuersbrünste ihre Gründe haben zu lodern, Vulkane ihre Gründe, nach längerem Stillschweigen auszubrechen, und Flüsse ihre Gründe, über die Ufer zu treten. Aber vom Standpunkt des registrierenden Journalisten sollte es für Naturkatastrophen, Kriege, Epidemien, Verkehrsunfälle, Hungersnöte und steigende Kriminalität doch wohl nur URSACHEN geben.

GRUND ODER URSACHE – die Unterscheidung ist simpel: Wenn Ihnen, liebe Leser, meine Lektion ursächlich und grundsätzlich einleuchtet, haben Sie allen Grund mir zuzurufen: »Vielen Dank, geehrter Dozent!« In aller Bescheidenheit werde ich abwinken: »Bitte, bitte – keine Ursache!«

Satzbaustörung

Wenn ein Zeitungsartikel mit dem Satz beginnt »Darmstörungen und -erkrankungen treten zunehmend in der
Bevölkerung auf ...«, ist man versucht, ihn etwa so fort-
zuspinnen: »... mit rückläufiger Tendenz dagegen bei
Kakadus, Ameisenbären, Kakerlaken, Rottweilern und
Wüstenspringmäusen.« Die Wendung IN DER BEVÖLKE-
RUNG am Ende des Satzes läßt nämlich den Verdacht kei-
men, daß bakterieller Befall in Unterleibsbereichen nicht
nur der Bevölkerung, sondern wohl auch Tieren, Pflanzen
und gar Mineralien zusetzt. Man fragt sich, warum unser
Kassandra-Journalist nicht schlicht geschrieben hat:
»Zunehmend treten Darmstörungen und -erkrankungen
auf!« Ich kann mir nicht denken, daß auch nur ein einzi-
ger Leser bei dieser Formulierung eine andere Krankheits-
Lokalität vermutet hätte als den Bevölkerungsauftrittsort.
Oder zweifeln etwa Sie bei einer Meldung über Geburten-
rückgänge daran, daß sie sich auf die Bevölkerung bezieht?
Jedenfalls ist kaum vorstellbar, daß bei Kaninchen-Fort-
pflanzungsdefiziten nicht ausdrücklich auf die Stallhasen-
Adresse hingewiesen wird.

Polonaise

Diese Zeitungsüberschrift brachte mich ins Grübeln:
»Jugendliche überfielen Polen.« Überschriften, weiß der
Leser, geben verknappt einen Tatbestand wieder. In unse-
rem Fall ist also vom unerhörten Vorgang einer Aggres-
sion Jugendlicher aufs polnische Nachbarland die Rede.
Oder? Oder haben Jugendliche »nur« mehrere polnische
Bürger überfallen? Oder wie oder wen oder was? Die aus-

führliche Meldung schafft Klarheit: »Wie die Grenzwache am Donnerstag in Szczecin mitteilte, soll ein polnischer Bürger in Schwedt von vier deutschen Jugendlichen überfallen worden sein ...« Schlimm genug. Aber muß eine mehrdeutige Überschrift dem Leser eine Invasion suggerieren, wenn ein Überfall auf einen polnischen Bürger stattgefunden haben soll? Bringen wir das Überschrift-Formulierungs-Dilemma auf den Punkt: Vorsicht bei Ländernamen, die mit Staatsbürgerbezeichnungen identisch sind! Was in unserem Beispiel mit Polen passiert ist, kann auch Ungarn und Schweden widerfahren. Die Überschrift »Beziehungen zu Schweden abgebrochen« muß nicht auf einen diplomatischen Eklat deuten, sondern kann ein Hinweis darauf sein, daß die Stralsunder Bürgerin Christel P. ihren Kontakt mit Torsten M. aus Malmö abgebrochen hat.

Neuschneewittchen

Wieder einmal wurde mir per Radio mitgeteilt, in Schneerieselweiler seien »elf Zentimeter Neuschnee gefallen«. Aha! Neuschnee! Könnte nicht doch Altschnee gefallen sein? Der ahnungsvolle Leser hat längst begriffen, wo des Pudels Kern im Glashaus begraben liegt: Was da als Schnee vom Himmel fällt, ist eben einfach Schnee, weder Neuschnee noch Altschnee und schon gar nicht der Schnee von gestern. Nur wenn es um die Definition der Liegenschaften als Folge weißer himmlischer Niederschläge geht, können wir unterscheiden: »Neuschnee, Altschnee, Uraltschnee.« Zusammengefaßt und zum Mitschreiben: Neuschnee kann zwar nicht »fallen«, aber immerhin liegen bis zum nächsten Flockenfall.

Fremdgänger

Bitte mit Obers

Es gibt in Österreich keine Treppen, sondern Stiegen, keinen Quark, sondern Topfen, keine Stühle (auf denen man gesessen hat), sondern nur Sessel (auf denen man gesessen ist), kein Café mit Kuchen und Schlagsahne, sondern ein Kaffeehaus mit Mehlspeis und Obers, kein Zug-, sondern ein Zugsunglück, kein Fabrik-, sondern ein Fabriksgelände, keine Vesper, sondern eine Jause, keinen Wettbewerb, sondern den Bewerb, keine Polizei, sondern eine Gendarmerie, keinen Zöllner, der Zoll, sondern einen Mautner, der Maut kassiert. Ein österreichisches Richtfest heißt Dachgleiche. Der Österreicher unterzieht sich keiner Reifeprüfung, sondern er maturiert. Er beantragt keine Genehmigung, sondern sucht eine Bewilligung an. Er folgt dem Hinweis, das WC zu benützen. Und er sagt BRÄUCHTE und nicht BRAUCHTE. Dieses Wort gilt seit Jahrzehnten als legitim im Standarddeutschen, obwohl das überhaupt nicht zu sein bräuchte, pardon – brauchte.

Aber wenn die Österreicher auch immer schauen, wo wir zu sehen pflegen – bei den Zuschauern flippen sie aus: Sie heißen zwischen Dornbirn und Wien, Linz und Klagenfurt (und in der Schweiz sowieso) Zuseher.

Rowdieschen?

Auf Seite 1 meiner Zeitung: »Auf der Werbung für Säuglingsnahrung muß künftig ein deutlich sichtbarer Hinweis stehen, daß Muttermilch für die Babies besser ist.« Und auf Seite 3: »Rowdys wüten immer schlimmer in unseren Parks.« Dazu ist anzumerken: Wer Babies sagt, muß auch

Rowdies sagen, oder umgekehrt: Wer Rowdys schreibt, hat sich auch für Babys zu entscheiden. Unzulässig und lächerlich ist das Pendeln zwischen beiden Möglichkeiten in demselben Artikel oder derselben Ausgabe einer Zeitung. Anmerken möchte ich außerdem indessen, daß mir die sprach-regelrecht deutschen Babys, Dandys, Ladys, Hobbys und Partys lieber sind als die entsprechenden englischen Mehrzahlbildungen. Bei Rowdys und Rowdies freilich ist mir die Schreibung schnurz. Beide sind mir sowieso unsympathisch.

Wirkstoffelei

Das namentlich in Teenager-Kreisen artikulierte Neo-Deutsch halten viele Erwachsene für unzumutbar. Ich plädiere für Toleranz. Fassen wir uns doch mal an die eigene Zunge! Sind etwa ECHT GUT, TOTAL IRRE oder SUPER FETZIG hohl(kehl)köpfiger als WIRKLICH GUT, WIRKLICH SCHLIMM und WIRKLICH SKANDALÖS? Sie merken schon: Ich ziele auf die unsinnige Sprach-»Wirklichkeit«, die attributiv nicht mehr leistet als Echtheit, Totalität und das nicht recht einzuordnende SUPER. Man kann sein Bankkonto darauf verwetten, daß dem wohligen Seufzer (angesichts etwa der Alpenkette oder der sinkenden Ostsee-Abendsonne) »Ach, ist das schön!« die Reaktion folgt: »Ja, das ist wirklich schön!« Sagt man »Es ist traurig, daß X. Y. gestorben ist!«, kommt wie aus der Pistole geschossen prompt das Echo: »Es ist wirklich traurig!« Zusammengefaßt: Wer im wirklichen Glashaus sitzt, soll nicht mit echten, totalen und super Steinen werfen. Wirklich nicht.

Stellungskrieg

Da müssen wir wohl oder übel resignieren: Anglizismen und Amerikanismen sind längst Bestandteil deutscher Literatur-, Parlaments- und Umgangssprache. Der Athlet, der früher überlegen war, hat aktuell COOL zu sein. Outfit, Catering und Fastfood haben die Macht über Garderobe, Versorgung und Schnellimbiß ergriffen. Nichts ist mehr großartig und überragend. Wir haben uns auf SUPER hochgestylt. Solche Sprach-Exotisierung ist manchmal betrüblich, mitunter verblüffend, meistens aber amüsant.

Deshalb: Schwamm drüber.

Ärgerlicher als die Fremdwortinvasion sind jedoch wörtlich ein- und umgedeutschte englische Wendungen. »It makes no sense« sagt man in London und New York, wenn gemeint ist »Es ist sinnlos« oder »Es hat keinen Sinn«. Sprachmix-Spezialisten haben indes die deutsche Version verenglischt: »Es macht keinen Sinn.« Hm!

Ähnlich erging es dem angloamerikanischen ONCE MORE. Richtig ins Deutsche übersetzt, heißt das zwar NOCH EINMAL, aber kühne Sprachmelangeure formulieren längst gewitzter: EINMAL MEHR. Und schließlich: »I'm worry, because nobody loves me!« heißt in korrekter Englisch-Deutsch-Übersetzung »Ich bin unglücklich, weil – niemand liebt mich!« Der Verlust der deutschen Nebensatz-Wortstellung (Inversion) nach WEIL, OBWOHL, ZUMAL usw. ist weiß Gott kein begrüßenswertes Resultat deutsch-angloamerikanischer Freundschaft, obwohl ich bin kein Philister, okay?

Meuchelpuff

Müssen Fremdwörter geächtet werden? Um der Vernunft willen: nein! Was wäre unsere Küche ohne Gourmets, Ragout fin und Pommes frites! Warum sollten Komponisten und Musikanten Vivace, Andante, Allegro con moto, Largo und Presto ma non troppo verketzern? Was ist gegen medizinische und pharmazeutische Internationalismen einzuwenden? Müssen wir Software deutsch zu weicher Ware verweichlichen? Fremdwörter, namentlich wenn sie terminologisch (fachsprachlich) daherkommen, sind mitnichten entsorgungsfällig. Wir wollen uns doch nicht aufführen wie die Puristen (Sprachreiniger) der Weimarer Republik, die Fremdwörter ausnahmslos und sogar Lehnwörter auf den Index setzten: Nase sollte Gesichtserker, der Auto-Benzinmotor Viertaktzerknalltreibling und der Revolver Meuchelpuff heißen.

Noch einmal: Fremdwörter befremden mich nur selten, und erst recht nicht richtet sich mein Groll gegen die Lehnwörter (meine Nase ist mir lieb und teuer).

Dagegen habe ich schon gewisse Bedenken, wenn dem TELEFON der FERNSPRECHER vorgezogen wird. Seien wir also nicht kleinlich. Mißtrauen und mitunter kalte Wut indessen befallen mich, wenn die Kids, die News, die Highlights und die Cleverness die Macht ergreifen und Kinder, Nachrichten, Höhepunkte sowie Schlitzohrigkeit in den Hintergrund drängen. Ich korrigiere: in den Background.

Shop-Stop

Daß man angesichts fortschreitender Amerikanisierung (namentlich im marktwirtschaftlichen Bereich) der deutschen Sprache für Saftladen eigentlich Juice-Shop sagen sollte, ist ein Witz, den ich schon vor vierzig Jahren hörte. Glücklicherweise haben sich einige Läden – Strittmatter sei dank – verbal noch nicht verdrängen lassen. Es gibt sie noch: den Bauchladen (statt Belly-Shop), den Rolladen (statt Rock'n'Roll-Shop), Schuttabladen (statt Rubbish-off-Shop) und sogar der eine oder andere Zeitungsladen hält gegenüber den Presse-Shops stand. Wenn das so weitergeht, werden wir angesichts überhandnehmender Shopschilder staunend und offenen Mundes Opfer einer Kinnladenverrenkung werden. Kinnladen? Pardon: Chin-Shop.

Rein feelingmäßig

Die Ersetzung des Gefühls durch den Import FEELING kann ich aushalten, wogegen ich das neulich im Radio artikulierte EMOTIONALE FEELING als schmerzgrenzüberschreitend empfinde. Und wer ohne ironischen Unterton den Kernsatz des Kickers Andy Möller »Vom Feeling her habe ich ein gutes Gefühl« verwendet, produziert ein Highlight an unfreiwilliger Komik.

Apropos Highlight: In Brandenburg an der Havel versprach eine Zeitung »Stengel-Highlights für Freaks«. Mir wären Glanzlichter für Stengel-Liebhaber lieber gewesen. Und vor allem: Leser meiner Generation hätten den Text verstanden.

Das sogenannte Catering, von welchem ich – im speziellen Fall handelte es sich um eine Flasche Bier und zwei

Sandwiches – vor dem Auftritt in der Künstlergarderobe zehren durfte, hinterließ ein schales Gefühl, pardon FEELING, sowohl sprachlich als auch kulinarisch.

Was tun?

Für Goethes Faust war am Anfang die Tat. Für Verächter einer hinlänglich anmutigen deutschen Sprache tat am Anfang die Tat stehen. Beneidenswerte Engländer: Ihnen ist hilfszeitwörtliches Tun bei positiven Aussagen erlaubt, bei Verneinung sogar vorgeschrieben. Während dem Deutschen verwehrt ist zu sagen »Ich tue mich weigern!« oder »Ich tu mich nicht weigern!«, darf der Angelsachse Weigerung (»I refuse!«) verstärken: »I do refuse!«, ja, er muß sogar zur Tun-Krücke greifen, wenn er negative Auskunft gibt: »I do not refuse!« Trotz der im Deutschen nicht erlaubten englischen Bräuche kann man hierzulande immer wieder solche Sätze hören: »Ich tu mich jetzt umziehen!«, »Ich tat die Koffer schon gestern packen!«, »Tust du dich nicht schämen?« Oder »Wir tun gemeinsam Urlaub machen!«

Als ich meine Verdrossenheit hinsichtlich weitverbreiteter TUN-TUT-TAT-Sprachpraxis signalisierte, dementierte ein Zuhörer: »So schwachsinnig daherreden – das tu ich nicht!«

Toppen

»Billigpreise«, spekulieren die für Konsum-Maximierung zuständigen Reklametrommler, »müßten verbal zu toppen sein!« Und flugs war die neue Suggestiv-Vokabel geboren: MEGAPREISE. »Megapreise«, schmollten die Getoppten, »wir setzen noch eins drauf!« Und die Getoppten toppten, und es erblickten die GIGAPREISE das Zwielicht der Handels- und Wandelswelt.

Immer wenn ich jemand TOPPEN sagen höre, werde ich sentimental. Während ich früher das Toppen mit dem Zwangstopfen der DDR-Kindergartenbabys verwechselte beziehungsweise in einen Topf oder Topp warf, ist mir längst bewußt geworden, daß Toppen das viel griffigere und sogar weltsprachliche angelsächsische Wort ist für ÜBERTREFFEN, und ich bin sogar geneigt, mich hinsichtlich meiner gymnastischen sowie journalistischen Aktivitäten selbst zu toppen, denn ich bin helle und möchte nicht im dunklen toppen.

Auch im Bereich der Sport-und-Spiel-Terminologie begegnet mir dieses ominöse Toppen. Etwa: »Sechzig Ringe bei zwölf Schuß sind nicht zu toppen.« Wohl wahr. Wenn und wo irgendwas nicht zu übertreffen ist oder auch nur nicht übertroffen zu werden scheint, überall dort drängt sich Toppen ins Vokabular. Aber wir wollen das Kind nicht mit dem Swimmingpool ausschütten. Gewisse Anglizismen sind ja nun actually und truly dispensable.

Textour de France

Man sollte sich nicht verrückt machen lassen: Die Aussprachregeln bei Fremdwörtern bleiben trotz Reform sowohl im Genitiv der Einzahl als auch in allen Mehrzahl-Fällen unangetastet. Genauer: Das in Frankreich stumme End-S wird in deutschen Landen laut und deutlich ausgesprochen.

Eine ganz und gar unvollständige Liste ausgewählter Fremdwörter der beschriebenen Kategorie: des und die Musikkorps = Musikkohrs, des und die Fonds = Fongs, des und die Palais = Palääs, des und die Revers=Reväärs, des und die Fondants = Fondangs, des und die Croissants = Kroassangs, des und die Depots = Depoos, des und die Bidets = Bidees, des und die Clochards = Kloschaars, des und die Plumeaus = Plümoos.

Selbstverständlich kann jedermann, um Ausspracheprobleme zu vermeiden, auch deutsche Wörter benutzen, aber wer weiß schon, daß ein Palais ein Palast, ein Croissant ein Hörnchen und das Plumeau ein Federbett ist? Die Hugenotten sind schuld an der Teil-Französisierung unserer Sprache. Mit dieser dreihundert Jahre alten Altlast müssen wir leben. Französisch: C'est la vie!

Weil so ist es

»Trotzdem ich mit jedem Cent rechnen muß, leiste ich mir allabendlich eine Flasche Bier«, »Ich mache täglich einen Spaziergang, trotzdem es manchmal regnet oder schneit«, »Trotzdem wir keinen Balkon haben, sind wir mit unserer Wohnung zufrieden«.

Alles falsch! Im Gegensatz zu OBWOHL leitet TROTZDEM einen Hauptsatz ein. »Obwohl ich mit jedem Cent rechnen muß ...«, »Obwohl es manchmal regnet ...«, »Obwohl wir keinen Balkon haben ...«

Leider wird wegen der suggestiven englischen Satzbildungsregeln immer häufiger und arglos nach einigen deutschen Bindewörtern (Konjunktionen) anglisiert und der deutsche Satzbau beschädigt. »Morgen klappt es nicht, weil ich habe einen Arzttermin«, »Die Reisenden meuterten nicht, obwohl der Zug hatte fünfzig Minuten Verspätung«, »... bitte ich für meinen Vater um eine höhere Pflegestufe, zumal er ist bettlägerig«.

Damit Schluß für heute, weil die Kolumne sonst zu lang wird – beg your pardon: weil die Kolumne wird sonst zu lang.

Aller Unsinn sitzt tief –

in der Sprache

Hinterfragen

Der Listige fragt. Der Hinterlistige hinterfragt. Hinterfragen? Hinterfragebogen? Diese Hinterfragerei erscheint mir hinterfragwürdig und provoziert ein dickes Hinterfragezeichen. Was sind das doch für teils lächerliche, teils abscheuliche Tätigkeitswörter: verabsäumen zum Beispiel. Warum ab? Einen Termin zu versäumen ist schlimm. Einen Termin zu verabsäumen schlimmer. Und dann: absinken! Mir sind sinkende Wasserstände lieber als absinkende Abwasserstände. Und: steigende Arbeitslosenzahlen, so deprimierend sie sein mögen, sind ansteigenden Arbeitslosenzahlen wenigstens stilistisch überlegen. Wenn ich höre oder lese: »Der Botschafter wurde beim Staatssekretär einbestellt ...«, frage ich mich jedesmal, reicht es nicht, den Botschafter einfach zu bestellen oder einzuladen. Der Appell, »nicht länger zuzuwarten«, oder die Absicht, den Standpunkt der Regierung »zu hinterfragen« – solche Formulierungen deuten auf die Neigung ihrer Verfasser, sich im Zweifelsfall lieber gestelzt oder tautologisch auszudrükken als normal. Kein Mensch muß zuwarten, wenn ihm zu warten zugemutet wird. Zu hinterfragen ist jedenfalls nicht plausibler als zu fragen, allenfalls nachzufragen.

Was ich Sie, lieber Leser, schon immer hinterfragen wollte: Sind sie jauchgewappnet? Dann ordnen Sie dieses Shakespeare-Zitat, beginnend mit der besten bis zur miesesten Deutsch-Übersetzung: Sein oder Nichtsein – das ist hier

a) das Problem
b) die Frage
c) die Problematik
d) die Hinterfrage.

Zu was der Lärm?

Wenn Sie, liebe Leser, von mir wissen wollen, um was es mir in der heutigen Lektion geht, dann antworte ich salomonisch: Es kommt ganz darauf an, auf was wir uns einigen und mit was wir uns am nötigsten beschäftigen müssen. Rundherausgesagt: Wir sollten über die weitverbreitete Schlamperei reden, statt worum, worauf, womit u. ä. die Falschbildung um was, auf was, mit was, gegen was, unter was, über was und andere Wasse in die Sprache einzuschmuggeln.

Wie? Der Minister, der Reporter, der talkende Professor, Ihr Zahnarzt hätten neulich die von mir gerügten Wörter und Wendungen ganz unbefangen artikuliert? Wenn schon.

Wie fänden Sie folgende gefälschte Zitate: »Für was ist die Straße da? Zum Marschieren!« Mephisto zu Faust: »Zu was der Lärm? Was steht dem Herrn zu Diensten?« »An was ich meine, so ganz alleine, an was ich meine Freude hab« oder »Für was sie besonders schwärmt, wenn er wieder aufgewärmt«, der Sauerkohl nämlich der Witwe Bolte.

Wenn der Ratgeberteil Ihrer Zeitung titelt: »Für was gibt der Staat Beihilfen?«, kann die Antwort nur lauten: »Mit was haben wir derartige journalistische Fehltritte verdient?«

Haben Sie verstanden, oder zu was haben Sie noch Fragen?

Vergleichsweise ein bißchen Frieden

Schon gehört: »Das kann man doch nicht vergleichen!«? Nun also: Die angebliche Unvergleichbarkeit läßt sich in den meisten Fällen, nein: in jedem Fall nicht nachweisen. Denn: Vergleichen kann man schließlich alles und jedes: den Elefanten mit der Ameise, die Himbeere mit dem Kürbis, Mexico City mit Mengersgereuth-Hämmern, Bundesminister Schäuble mit Jesus von Nazareth oder auch die Panke mit dem Mississippi. Sogar art- und sortenfremde Sachen sind vergleichbar: Wollsocken und Grießpudding, Schubkarren und Zahnbürsten, Heißluftballons und Scheibenwischer.

Fazit: »Das kann man doch nicht vergleichen« ist kein korrekter Bescheid. Wenn Ihnen demnächst beispielsweise mitgeteilt wird, daß Sie bei Inkrafttreten der Steuerreform prozentual nicht höher besteuert werden als ein Milliardär, dann entrüsten Sie sich bitte nicht unangemessen »Das kann man doch nicht vergleichen!«, sondern kommentieren Sie sachlich richtig: »Das kann man doch nicht gleichsetzen!«

VERGLEICHEN-GLEICHSETZEN – der Unterschied liegt vergleichsweise in der Differenz.

Das eben ist der springende Punkt: Man kann mich wegen meiner Kolumnen getrost mit einem Krümelkacker vergleichen, sofern man nicht im Traum daran denkt, mich mit so einer Type gleichzusetzen.

Als Nachtisch noch ein paar Worte zu einer Wendung, die ebenfalls meistens als Falschbildung im Umlauf ist: »Laß mich zufrieden!« Gemeint ist selbstverständlich »Laß mich in Frieden!«, denn der/die Belästigte (ob er/sie nun zufrieden ist oder nicht) begehrt trotzig Waffenstillstand und nicht Offenlegung seines/ihres Gemütszustands.

Erkanntermaßen

In einer Reportage fällt der Satz: »Die Ursachen ... sind nicht erkenntlich.«

Nun kann sich zwar beispielsweise ein Jubilar bei seinen Gratulanten unter anderem mit fünf Hektolitern Bier erkenntlich zeigen, aber Ursachen einer kriegerischen Auseinandersetzung sind mitnichten ERKENNTLICH, sondern allenfalls ERKENNBAR.

»Grüßen Sie bitte Ihre Gattin von mir unkenntlicher Weise!« Nein, zu so einer Blödfloskel hat sich bislang noch kein mir kenntlicher – äh, bekannter Zeitgenosse (auch kein Parlamentarier, geschweige denn Journalist) verstiegen. Aber weil Anzeichen von Sprachqualifizierung vorläufig nicht erkennbar sind, müssen wir wohl oder übel auf das Fortleben alter Bekannter gefaßt sein.

Menschenhandel

Worum handelt sich's beim Handel? Es handelt sich um den global zirkulierenden Produkten-Vertrieb, den wir als Markt bezeichnen. Wirtschaft und Handel prägen auch die Sprache. Es hat sich eine ökonomisch akzentuierte Terminologie herausgebildet, die wir anscheinend akzeptieren. Bezüglich der bevorstehenden Pensionierung des Bankdirektors signalisierte die Presse: »Als Nachfolger wird Emil Beuer gehandelt.« Beuer wird als Nachfolger nicht etwa in Betracht gezogen, vermutet oder vorgeschlagen – nein, er wird GEHANDELT wie Gemüse, Plutonium und Schlachtvieh. Teufel noch mal! Wer sich anmaßen wollte, mich als potentiellen Anti-Linsensuppen-Vereinsvorsitzenden zu handeln, der hat mit Zitronen gehandelt.

Kein – keiner – am keinsten

Sprache wäre langweilig, wenn sie im Alltag gelegentlicher Verschrobenheiten und Entgleisungen entbehrte. Ein Zeitungsverkäufer schwärmte für »Bitterschön!«, und ein Kellner bedankte sich fürs Trinkgeld mit seiner Lieblingsfloskel »Sehr liebensgewürzig!« Von Heinz Erhardt wissen wir, daß er die skurrile Redewendung »Entschuldigen Sie bitte mehrmals!« in die Welt gesetzt hat. Für alle diese genannten Sprachnorm-Abweichungen gilt: Sie sind willkommene Kobolde und Vitamine der Sprache, solange wir uns bewußt sind, daß es sich bei ihnen um mehr oder weniger witzige Seitensprünge handelt.

Wenn ich indessen in einem politischen Fernsehkommentar den Reporter sagen höre: »Man kann das Eingreifen deutscher Blauhelm-Verbände in keinster Weise billigen!«, gehen mir sämtliche und sämtlichste Hüte und Blauhelme hoch.

»In keinster Weise« ist ein abgestandener Sprachulk, ein Jux, vergleichbar den ballhornistischen ENTODERWEDER, NOCH UND NÖCHER, SELBSTVERFREILICH, die allenfalls noch karnevalstauglich sind. Wenn sie Einzug in Parlament, Talkshows, Reportagen, Grabreden halten, rotiert Konrad Duden in der Gruft.

Essensarbeit

»Arbeit macht das Leben süß!« Gilt das Sprichwort auch noch heute und ganz allgemein? Zu bedenken ist schließlich, daß es aktuell Arbeiten gibt, die eine Gaumen- und Gedankenverbindung zu Süßigkeiten kaum denken (und schmecken) lassen: Kanalisationsarbeiten, Entsorgungsarbeiten, Stallentmistungsarbeiten, Minenräumarbeiten, Schularbeiten, Sisyphusarbeiten, Strafarbeit und Fronarbeit. ARBEIT, ARBEITEN, ARBEITER – das Arbeitsvokabularium hat sich in den vergangenen Jahrzehnten beträchtlich erweitert. Da gibt es beispielsweise die Öffentlichkeitsarbeit, ein Ressort, bei dem ich ausnahmsweise das angloamerikanische Kürzel PR (Public relations) vorziehe, zumal beim deutschen Wort ziemlich aufdringlich und unangemessen mit ARBEIT kokettiert wird, als sei die Mitarbeit in den Abteilungen Finanzen, Soziales oder Kultur nicht mit Arbeit verbunden. Dann das Arbeitsessen in diplomatischen Sphären! Sind die am Arbeitsessen Beteiligten etwa Essensarbeiter? Das fehlte noch: Arbeitstrinken mit Trinkarbeitern, Arbeitsmusizieren (bei protokollarischen Clinton-Saxophon-Auftritten) und das da: Vergangenheitsaufarbeitungsarbeit als Trauerarbeit sühnender seinerzeit staatsnaher DDR-Bürger.

Realitätsfern ist die alte Bibelempfehlung, daß nicht essen soll, wer nicht arbeitet. Ganz und gar indiskutabel, weil inhuman, wäre schließlich Nahrungsmittelentzug für fünf Millionen arbeitsloser Deutscher.

Entschuldigung

Es vergeht kaum ein Tag, ohne daß uns die Medien über Entschuldigungen unterrichten. Aber kaum ein Entschuldigungswilliger findet die angemessenen Worte, um seine Zerknirschung glaubhaft zu machen, denn Formeln wie ICH ENTSCHULDIGE MICH oder gar dieses dreiste DA MÜSSEN SIE SCHON ENTSCHULDIGEN gehen im ersten Fall an die falsche Adresse (schließlich kann man sich nicht selbst entschuldigen) und sind in der zweiten Version eher Naßforschheit als bescheidene Bitte um Vergebung. Wenn Ihnen, liebe Leser, meine Ausführungen zu verwickelt, zu unschlüssig oder nicht plausibel erscheinen, dann bitte entschuldigen Sie mich großherzig. Aber ich denke nicht daran, mich zu entschuldigen, denn solche Redensart wäre genauso töricht, wie wenn ich etwa erklärte: Ich verzeihe mir!

Be-Gotterie

Geben ist seliger als Nehmen. Noch hörte ich keinen sagen oder schreiben: Geben ist seliger als Benehmen. Aber die weitverbreitete Neigung, allen möglichen Wörtern das Präfix BE- vorzuspannen, läßt mich Schlimmstes fürchten (also befürchten). Bis zum heutigen Tag hält sich die Bepidemie in Grenzen, denn es wird allgemein anerkannt, daß kommen und bekommen, reiten und bereiten, halten und behalten, raten und beraten, reifen und bereifen einen offenkundig unterschiedlichen Sinn haben. Aber bei nicht wenig Wörtern triumphiert der be-Vorspann: anbelangt wird anlangt, atemberaubend atemraubend, bezahlen (beim Ober) zahlen, belobigen loben vorgezogen. Und gar:

Wäre es nicht besser, die Ausbildung eines Angestellten einfach zu fördern statt zu befördern? Gewiß, zur Lutherzeit stand die Beförderung für Förderung. Doch heutzutage sollte Beförderung auf das beschränkt bleiben, wozu sie aktuell benötigt wird: auf Transport.

Ung-arisch

Warum nur, warum muß ich dieses Wort immer und immer wieder hören und lesen: »Denkungsart«? Schiller jedenfalls ist nicht Urheber dieser Verballhornung. Die »Milch der frommen Denkart« hatte mit Denkungsart nicht das geringste zu tun. Überhaupt: Wie hat sich dieses fatale UNG nur in die Sprache eingeschlichen? Die Art, wie einer sein Auto lenkt, wie einer Geschenke macht, wie einer die Pferde tränkt, wie jemand (aus Übermut?) sein Motorboot versenkt, wie eine Wahlkämpferin ihr Fähnchen schwenkt – das alles könnte hauptwörtlich zu Lenkart, Schenkart, Tränkart, Versenkart oder Schwenkart führen, nicht aber doch bitte zu Lenkungsart, Schenkungsart, Tränkungsart, Versenkungsart oder Schwenkungsart. Es sei denn, wir entschließen uns, das unsinnige UNG ganz allgemein bei Verdinglichung von Tätigkeitswörtern einzuführen. Dann hätten wir die Sprechungsart, die Schreibungsart, die Essungsart, die Liebungsart und alle Spielungsarten der ung-Epidemie. Ob uns der damit verbundene UNG-Bonus schon zu wasch- und paprikaechten Ungarn qualifiziert, ist zweifelhaft.

Farbtonstörung

Auf der Suche nach einem Geschenk für Ingelore wurde Gisbert in einer Boutique Zeuge folgenden Dialogs.

Eine unentschiedene Kundin fragte: »Hm, nehme ich die ROSANE oder die LILANE Bluse?«

Die Verkäuferin riet schelmisch: »Vielleicht sollten Sie auch die hübsche BEIGENE oder die TÜRKISENE Bluse in Betracht ziehen!«

»Nein«, lautete die Antwort der Kundin, »PINKENERE Töne stehen mir besser!«

Als potentieller Käufer einer ANTHRAZITENEN Bluse für Ingelore verlangte Gisbert nun nach einem ANTHRAZITFAR-BENEN Kleidungsstück, so daß sich der blasse Teint der Verkäuferin nicht in eine ORANGENE oder gar KARMINENE Gesichtsfarbe verwandelte.

Die favorisierte ROSANE Bluse kann stilistisch sauber nur eine ROSA Bluse sein. An PINKFARBENEN Blusen kann die Verkäuferin farblich recht unterschiedliche Modelle anbieten, aber keine Bluse ist deswegen PINKENER als eine andere.

Sie haben es längst gemerkt: Nur die Adjektive von Grundfarben sind flexibel, fremdwörtliche Farbmixturen, die zur Bezeichung der zahllosen Zwischentöne in die deutsche Sprache kommen, werden nicht gebeugt und lassen sich auch nicht steigern. Werden sie attributiv gebraucht, erhalten sie die Hinzufügung -FARBEN.

Merke: Man kann FARBIGE Blusen besitzen. Beispielsweise eine braune. Statt einer ORANGENEN Bluse besitzt man eine ORANGEFARBENE, keinesfalls eine ORANGEFARBIGE.

Umgangssprachlich hat sich der Anhang -FARBEN bei rosa und lila verflüchtigt, so daß Sie getrost eine rosa oder lila Bluse verlangen können.

Doch beachten Sie: Auch wenn Ihnen vom Himmel rosa Wölkchen leuchten, rosaer werden sie nimmer. Hingegen sollten Sie, wenn Sie einen schwarzen Tag erlebt haben, nicht ausschließen, daß noch schwärzere Tage folgen.

Allereinzigst

Nur selten ist von SÄMTLICHSTEN Anwesenden, von TOTALSTEN Zusammenbrüchen oder von MINIMALSTEN Anstrengungen die Rede. Die Abwehrmechanismen eines einigermaßen intakten Sprachgefühls wehren sich gegen solche Super-Superlative. Anders verhält es sich mit den vermutlich nicht auszurottenden EINZIGSTEN Besuchern und dem EINZIGSTEN Höhepunkt einer Veranstaltung. Das EIN-ZIGST-Phänomen schmuggelt sich in alle Medien und erst recht in Alltagsdialoge. Fehlte nur noch, daß die einzigst-artigen oder gar einzigstartigsten Übersteigerungs-Fehl-bildungsbürger auf die Idee kommen, uns ihre sämtlich-sten, totalst-optimalsten Grundschul-Deutsch-Zensuren als Beweis für ihre maximalste Deutschest-Bildung vorzu-legen. Ob es angesichts zunehmender Laxheit in Sprach- und Sprechangelegenheiten wohl noch zur Glorifizierung eines Friedrich Oberschiller kommt? Ich höre schon: »Wir wollen sein ein einzigst Volk von Brüdern, in keinster Not uns trennen und Gefahr!«

Wahrlichst, ich sage euch: Und wäre ich der einzigste auf diesem Planeten – ich ließe mir solchestes und derartigstes keinstenfalls, besser noch: keinstenfallstes gefallen!

Bringebund

Mir ist aufgefallen, daß immer mehr und immer öfter EINGEBUNDEN wird sowie EINGEBRACHT. Das Einbinden von Büchern praktizierte und beherrschte schon mein Großvater Arthur Stengel, Buchbindermeister in der Greizer Parkgasse. Aktuelle Einbinder sorgen eher dafür, daß nicht Bürger, sondern einbindungswillige Bürger eingebunden werden, und zwar in kommunale Projekte und Visionen. Wer heutzutage nicht irgendwo und irgendwie eingebunden ist, gerät in Verdacht, gesellschaftlich distanziert zu gammeln und herumzulungern. Da ehrt es den sozial und demokratisch fühlenden Mitmenschen schon gar sehr, wenn er von sich sagen kann: »Ich habe mich in den Aufschwung Ost unentgeltlich eingebunden!« Mit dem EINBRINGEN ist es ähnlich. Wer sich früher schlicht zur Verfügung stellte, sich einsetzte oder engagierte, der ist neuwörtlich entschlossen, sich ohne Wenn und Aber einzubringen. Zwar sind beide modischen Vokabeln philosophisch nicht zu beanstanden, aber ob ihre Einbindung in die Alltagssprache etwas eingebracht hat, bezweifle ich sehr.

Meine werte Alte

Wann ist die Ehefrau GATTIN (Frau GEMAHLIN), wann der Ehemann GATTE (Herr GEMAHL)? Ich will mir die Antwort nicht zu leicht machen, aber ich rate: Am besten streichen Sie die Gattin, die Frau Gemahlin, den Gatten und den Herrn Gemahl samt und sonders aus Ihrem Sprachschatz. Denn: Nur bei hochprotokollarischen Anlässen auf Diplomaten-Niveau sowie im Dunstkreis feudalaristokratischer Veranstaltungen – lauter Staats- und Husarenstreiche also, zu denen Sterbliche keinen Zugang haben – eskalieren Frauen zu Gattinnen und Männer zu Gatten. Warum sollten wir alte Zöpfe pflegen und mumifizieren? Aber auch dann, wenn Sie an prähistorischen Ritualen festhalten, sollten Sie sich davor hüten, Ihre eigene Ehefrau als Gattin oder Ihren personengebundenen Ehemann als Gatten vorzustellen. Es verstieß nämlich schon früher gegen Knigges Anstandskatalog, sich selber mit Höflichkeitsprädikaten zu garnieren. Noch eines: Verstricken Sie sich bei päpstlicher Sonderaudienz in servilem Übereifer nicht in floskelnde Lächerlichkeit: »Ich darf Sie, Heiliger Vater, herzlich grüßen von meiner werten Gattin und Sie bitten, auch Ihrer werten Frau Gemahlin Grüße auszurichten!«

Spitzfindelkinder

Haarspalterei ist der Feind vernünftigen Umgangs mit Sprache und Schrift. Ich erinnere mich an einen Leserbriefschreiber, der sich über grammatische Fehler bei Liedtexten und Sprichwörtern aufregte: »Ich denke«, zürnte er, »hier an ›Ja, das Schreiben und das Lesen ist (anstatt richtig: sind) nie mein Fach gewesen‹.« Wollte man diese grammatischen Bedenken ernst nehmen, müßte man eine Menge Sprichwörter ungeachtet poetischer Substanzverluste gründlich renovieren. Zum Beispiel: »Hoffen und Harren machen manchen zum Narren!« – »Glück und Glas – wie leicht brechen diese, waaas?« – »Gleich und gleich, meine Damen und Herrn, gesellen sowie auch umarmen sich gern!« Oder gar: »Marmor, Stahl und Eisen brechen, aber meine Liebe ist nicht zu schwächen!« Schließen wir mit dem Sinnspruch: Die Krönung aller Hobby-Macken ist Krümel- und Korinthenkacken!

Beziehungsweisheiten

Behördlich und bundesgerichtshöflich ist gegen die Vokabel BEZIEHUNGSWEISE nichts zu sagen beziehungsweise einzuwenden. BEZIEHUNGSWEISE ist ein legitimes, in allen Wörterbüchern beziehungsweise Lexika verzeichnetes Wort. Die meisten Deutschen glauben ohne die nebulose Vokabel nicht auskommen zu können, bis man sie zu dem Test überredet, wenigstens mal für einen Tag ganz bewußt auf deren sprachlichen Einsatz zu verzichten. Plötzlich merken sie: beziehungsweise ist ein Blinddarm. Alles das brauchen wir nicht: »Am Anfang schuf Gott Himmel beziehungsweise Erde. Und die Erde war wüst beziehungsweise leer«, »Ein' feste Burg ist unser Gott beziehungsweise ein' gute Wehr und Waffen«, »Wir nehmen Abschied von unserer lieben Mutter beziehungsweise Schwiegermutter beziehungsweise Oma beziehungsweise Uroma«, »Im Namen des Vaters beziehungsweise des Sohnes beziehungsweise des heiligen Geistes«, »Alle Vögel sind schon da beziehungsweise Amsel, Drossel, Fink beziehungsweise Star«, »Üb immer Treu beziehungsweise Redlichkeit«, »Einigkeit beziehungsweise Recht beziehungsweise Freiheit«. Da geht einem doch tatsächlich beziehungsweise effektiv die Luft aus beziehungsweise der Hut hoch. Und sollte Ihnen wieder einer mit diesem stupiden BEZIEHUNGSWEISE ins Gespräch fallen beziehungsweise trampeln, sagen Sie ihm, er könne Sie mal diagonal beziehungsweise kreuzweise.

Nirgendwo

Die Person, die uns IRGENDWIE fremd, undurchschaubar oder unheimlich ist, kann es genaugenommen durchaus geben, auch dann, wenn deren Fremdheit, Undurchschaubarkeit und Unheimlichkeit nur IRGENDWIE empfunden wird. Anders verhält es sich freilich mit IRGENDWO im Hinblick auf eine Mensch-Mensch-Beziehung. »Diese Frau (dieser Mann) ist mir ›irgendwo‹ schnurz, rätselhaft oder unangenehm.« Irgendwo! Wo denn nun zum Teufel? Irgendwo! Wo liegt dieses mystische Irgendwo? Im Auge des Betrachters oder des Betrachteten? In Dingsda oder Dingsdort? Diesseits oder jenseits? Ich werde den Verdacht nicht los, daß es sich bei dem im oben erwähnten Zusammenhang artikulierten IRGENDWO schlicht um eine Phrase handelt. Liebe Leute, laßt euch sagen: Wenn euch jemand sympathisch oder im Gegenteil zuwider ist, dann verankert eure Gefühle und Gedanken nicht irgendwo, sondern auf festem Grund und Boden.

Schlüpfrig

Liebhaber schlüpfriger, also zweideutiger, anstößiger Witze haben rein gar nichts zu tun mit der allseits geschätzten Oberbekleidung der Skispringer und Eisschnelläufer. Die ist mitnichten schlüpfrig oder gar windschlüpfrig, sondern schlicht windschlüpfig. Sportreporter, die schnittige Skianzüge zu schlüpfrigen erklären, sollte man mal am Kanthaken nehmen oder, noch besser, aus ihren Anzügen stoßen, seien sie noch so orkanobszön, sturmzotig, tornadogeil und windschlüpfrig.

Insbesondere

Es gibt Wörter, deren Legitimität unbestritten ist, die sich jedoch antiquiert, gekünstelt und geschwollen anhören, insbesondere INSBESONDERE. Man nenne mir den einzigen Fall, der mich zwingt, BESONDERS gegen das hochtrabend pathetische INSBESONDERE einzutauschen. Besonders beziehungsweise insbesondere bei Festansprachen, Grußadressen, Danksagungen und Würdigungen geben Insbesonderlinge insbesonders Besonderem den Vorzug.

Ähnlich wie bei INSBESONDEREM empfinde ich bei VERABSÄUMEN. Immer wenn jemand VERABSÄUMT sagt statt VERSÄUMT, fürchte ich, er werde im Verlauf seiner Ansprache auch noch von Verabsäumnissen sprechen, die er, der Verabsäumling, insbesondere als Schüler infolge verabsäumter Deutschstunden liebgewonnen hat. Möglicherweise. Möglicherweise? Könnte man statt MÖGLICHERWEISE nicht auch ganz schlicht und einfach VIELLEICHT sagen?

Nichtigkeiten

»Das ist nicht meine Moderation!«, sagte sibyllinisch der Frühstücksfernseh-Meteorologe und meinte es nicht buchstäblich so, sondern mehr neo-redensartlich, so also: »Heute bin ich ein bißchen fahrig, gewissermaßen nicht auf der Höhe meines rhetorischen Leistungsvermögens!« Die Moderation, die angeblich nicht seine Moderation war, war also dennoch seine. Ich zweifle, ob ein Satz wie »Das ist nicht meine Moderation!« genauso legitim ist wie die neumodische Floskel »Das ist eben nicht mein Tag!« Hier spürt man wenigstens den (Tief-)Sinn der Aussage. Aber wenn man sich von einer Person oder einer Sache distanziert, obwohl man sich eigentlich nicht wirklich davon trennen will, wird es komisch: »Hier stelle ich Ihnen meine Frau vor, aber sie ist heute nicht meine Frau!« Ein Angebot?

Dir ist mein ganzes Herz!

Der Vereinsvorsitzende jubelt der siegreichen Fußballmannschaft zu: »Der Pokal ist Ihnen!«

Man muß sich ernstlich fragen, ob die deutsche Sprache noch zu retten ist. Dringender als eine Rechtschreibreform hätten wir die Reform von Sprache und Stil gebraucht. Just solche Wendungen wie »Das Auto ist mir« oder »Der Garten ist uns« lassen ein erschreckendes Defizit erkennen (merke: Sprache ist Denken). Man stelle sich folgende Evergreen-Texte in schönstem Falschdeutsch vor: »Dir ist mein ganzes Herz!«, »… denn du bist mir, und ich bin dir, und da liegt alles drin!«, »Einer wird kommen, dem will ich sein!« oder gar »Wem sind die schönsten Schäfchen, die sind dem goldnen Mond!« Nebenbei: Daß man gehören auch als Hilfszeitwort verwenden (eigentlich: mißbrauchen) kann, beweisen die Bayern. Wendungen wie »Der gehört eingesperrt!«, »Dem gehört der Führerschein weggenommen!« und »Solchen Burschen gehören die Leviten gelesen!« sind zwischen Landshut und Bad Tölz durchaus üblich. Aber das steht auf einem anderen Bierdeckel.

Das schlägt dem Faß die Krone aus

Wo man hobelt, kräht kein Hahn,
grober Klotz ist halb gewonnen.
Was sich neckt, ist alt getan,
wie gebettet, so zerronnen.

Blindes Huhn sieht mehr als zwei,
steter Tropfen kommt von oben,
Aug um Aug verdirbt den Brei,
Ende gut ist aufgeschoben.

Gottes Mühlen beißen nicht,
keine Rose hat zwei Seiten,
wenn sie auch die Wahrheit spricht.
Guter Rat krümmt sich beizeiten.

Frisch gewagt, fällt selbst hinein,
unrecht Gut will Weile haben.
Morgenstunde höhlt den Stein,
wer zuletzt lacht, liegt begraben.

Vorführeffekt

Jeder weiß, was eine Vorführung ist und daß Vorgeführtes nach des Wortes ursprünglicher Bedeutung keinesfalls von vornherein und zwangsläufig mit Demütigung, Bloßstellung und Schmach verbunden ist. Anders beim Fußball. Des Reporters unheilvoller Satz »Bochum wurde in der zweiten Halbzeit regelrecht vorgeführt!« ist ein moralischer Platzverweis für die VORGEFÜHRTEN Schlumpschützen aus dem Ruhrpott. Wer mannschaftssportlich VORGEFÜHRT wird, sollte aus den Verdikten der Sportreporter die einzig ehrenwerte Konsequenz ziehen: sich kollektiv auf den Fußballrasen werfen, das Haupt mit Asche bestreuen und sowohl beim Schiedsrichter als auch beim Publikum schluchzend um Gnade winseln.

Der geneigte Leser hat erkannt: Wer im Sinne des Fußballreporter-Jargons vorgeführt wird, der wird ausgetrickst, aus den Angeln gehoben, zur Minna gemacht, in Stücke gerissen, eben VORGEFÜHRT.

Schade, daß sich dieses Fußballschlagwort noch nicht branchenübergreifend durchgesetzt hat. Ein vorgeführter Angeklagter hört sich schließlich harmloser an als ein verurteilter. Ein vorgeführter Schüler klingt besser als ein sitzengebliebener, und ein vorgeführter Liebhaber kommt sich womöglich weniger erniedrigt vor als ein abgeblitzter.

Lohnraub

Höchste Zeit, mal wieder über Wörter zu reden, die es nicht gibt, genauer nicht geben sollte. Zum Glück strich mir mein Deutschlehrer schon vor sechzig Jahren meine Aufsatz-Vokabel LOHNENSWERT an. Weiß der Teufel, wie ich auf dieses Wort kam (oder weiß er es doch? Hatte ich das klangverwandte lobenswert im Sinn?) – jedenfalls heißt es korrekt LOHNEND. Auch BEISTIMMEN gibt es nicht, sondern nur ZUSTIMMEN und BEIPFLICHTEN. Obwohl ich mir Ihrer Enttäuschung hinsichtlich meines folgenden Hinweises bewußt bin, teile ich hiermit kurz und trocken mit, daß der Salto mortale des Artisten Minorelli genaugenommen nicht ATEMBERAUBEND, sondern ATEMRAUBEND ist. Wer mir nicht folgen kann oder will, sollte hinfort konsequent von Beraubzügen der Beräuber Friedrich Schillers reden und schwärmen.

Kindisch

Ich glaubte meinen Augen nicht zu trauen, als mir auf einem Fragebogen BEKINDERTE EHEPAARE begegneten. Nun ja: Wer ein Haus hat, ist behaust. Wer viele Jahre (auf dem Buckel) hat, ist bejahrt. Aber bekindert? (Und sollte dann nicht besser gleich von Kids die Rede sein, also von BEKIDSTEN EHEPAAREN?) Nun: Bin ich betantet, wenn ich eine Tante, beenkelt, weil ich Enkel, und beanwaltet, sofern ich einen Anwalt habe? Ich zögere, mich mit einer ins Kraut schießenden Neuwort-Epidemie nach erwähntem Kindheitsmuster abzufinden. Im Schafherden-Hütebericht müßten womöglich zwei Sorten Schafseltern getrennt notiert werden: unbelämmerte und belämmerte.

Zweierlei Maß

Das Anhängsel MÄSSIG setzt einen klanglich-ästhetisch mäßigeren Akzent als das Suffix GEMÄSS. Doch kann man MÄSSIG nicht pauschal durch GEMÄSS ersetzen. Die Adjektive rechtmäßig, verhältnismäßig, gesetzmäßig, fahrplanmäßig oder gleichmäßig lassen sich nicht ohne weiteres zu rechtgemäß, verhältnisgemäß, gesetzgemäß, fahrplangemäß und gleichgemäß umtopfen. Andererseits ist nicht einzusehen, warum Mäßigkeitsfanatiker solche gemäßen Wörter wie wunschgemäß, sinngemäß, naturgemäß, standesgemäß und fristgemäß unbarmherzig zu ermäßigen trachten. Da kann ich nur sagen: Mäßiggang ist aller Laster Anfang! Ein Landwirt, befragt, wie es in seinem Betrieb mit der Viehzucht aussehe, soll geantwortet haben: »Rinds- und schafsmäßig saumäßig!«

Angesagtest

Man muß nicht Teenager sein, um die Sprache auf Signale und Schlagwörter zu reduzieren. Im Rundfunk wird eine der ANGESAGTESTEN Solistinnen angekündigt, »Harry Potter« ist der ANGESAGTESTE Bestseller, und wer in dieser Woche der ANGESAGTESTE Politiker ist, entzieht sich meiner Kenntnis.

Immerhin kam ich jüngst aufgrund der Stornierung einer Lesung zu einer ganz im Sprachtrend liegenden Erfahrung, nämlich zu meiner abgesagtesten Veranstaltung.

Super-Kasperei

Zu den chronischen Sprachkrankheiten gehört der Superlativismus. Sportreporter bejubeln Super-Leistungen in fast jedem Kommentar.

Und dann gibt es die Super-Preise. Keine Sorge, so superblöde bin ich nun auch wieder nicht, daß ich die mir in den Supermärkten suggerierten Super-Preise für Höchstpreise halte. Im Gegenteil: Statt der früheren 1099 Euro für einen superechten superorientalischen Superteppich wird mir aktuell der Superminimalgeldbetrag in Höhe des supergünstigen Supersonderpreises von 999 Euro (Superzustellungt frei Haus) berechnet: ein Super-Schnäppchen also.

Wie auch immer: Vor Super-Offerten sei gewarnt.

Neben dem Super-Superlativ hält sich hartnäckig eine sprachliche Albernheit, die mit der epidemischen Superlativierung scheinbar nichts zu tun hat. Aber eben nur scheinbar. Ich meine die jugendmodischen (aber auch Senioren sind dem Trend verfallen) Umstandswörter, die als Krücken jedem, aber auch jedem Eigenschafts- oder Mittelwort (Partizip) hinzugefügt werden, damit die Eigenschaften Super-Qualität erlangen. Nichts ist dann nur GUT, sondern selbstverständlich ECHT GUT, Schlechtes ist mehr als schlecht, nämlich EXTREM SCHLECHT, was früher bescheuert war, ist neuerdings TOTAL BESCHEUERT, das Schlitzohr ist ABSOLUT CLEVER, der Gentleman nicht nur edel, sondern DEFINITIV EDEL.

Falls Sie meinem Abscheu gegenüber solcher Superlativierung beipflichten, zögere ich, Sie schlicht als sympathisch, klug, weise oder vernünftig zu bezeichnen. Sie sind vielleicht tierisch sympathisch, supercool, hundertprozentig weise und ätzend vernünftig.

Ich las neulich etwas über einen HÖCHSTDOTIERTESTEN

Tennis-Profi. Auch von bestorientiertesten, größtmöglichsten, schwerstverbrecherischsten, kleinstwüchsigsten und engstverwandtschaftlichsten Menschen, Tieren, Gegenständen und Angelegenheiten ist zu hören und zu lesen. Es kann doch nicht so schwer sein, Überfrachtung und Multiplizierung des Superlativs zu vermeiden. Ein Großer wird, wenn wir ihn zum Größten, zum Allergrößten oder gar zum Superallergrößten befördern, nicht größer (und schon gar nicht »supper«, wie es jugendsprachlich heißt), sondern fragwürdig und lächerlich. Und zwar im Mega-Superlativ.

Der Umgang mit dem Wort Sensation ist oft nicht minder töricht als das Urteil »Super!« beispielsweise beim vierzehnten Platz eines Tour-de-France-Radlers. Die »Sensation« sollte doch bitteschön den wirklich großen bis riesengroßen Überraschungen vorbehalten bleiben. Irgendwann war zu lesen: »Sensation in Barcelona: Michael Schumacher gewinnt den Großen Preis!« In der Tat war Schumachers (eines Favoriten) Sieg ein freudiges Ereignis, aber keine Überraschung.

Übrigens wird in Sportreporterkreisen zunehmend die KLEINE SENSATION sprachgemünzt. Diese Wendung ist Quatsch mit Soße, denn es gibt kleine Sensationen ebensowenig wie kleine Katastrophen und große Bagatellen oder einen kleinen Totalschaden und kleinen Weltuntergang.

Lang und noch länger ist's her

Wenn es stimmt (und es stimmt gewiß), daß das Plusquamperfekt eine Zeitform der Vergangenheit in der Vergangenheit ist, dann kann das Plusquamperfekt logischerweise nicht in der ersten Person eines erzählenden lebendigen Zeitgenossen vorkommen. Trotzdem hört man solche monströsen Aussagen: »Ich war krank gewesen«, »Ich war erschrocken gewesen«, »Ich war arbeitslos gewesen«, »Ich hatte Probleme gehabt«, »Ich hatte keinen Durchblick gehabt«, »Ich hatte einen Kredit abzuzahlen gehabt«.

Was immer über Legitimität oder Tücke des Plusquamperfekts zu sagen ist, man halte sich an die Faustregel: Bei Aussagen, die nicht gerade ins Mittelalter oder gar in die Steinzeit zurückreichen, vermeide man, namentlich in Verbindung mit den Hilfszeitwörtern HABEN und SEIN (ich hatte gehabt, ich war gewesen), das Plusquamperfekt. Das Perfekt tut's allemal auch. Und: Wenn Sie mit meinem Ratschlag nicht übereinstimmen, so empören Sie sich wenigstens nicht mit dem zornigen Plusquamperfekt-Satz: »Ich hatte nie Plusquamperfektsätze verwendet gehabt!« Sagen Sie einfach: »Plusquamperfektsätze? Hab ich nie verwendet.«

Reim und Bein

Vokabeln aus dem Reimlexikon: Reimerei, Reimschmied, Reimplantation, Reimport – stop! Wer wollte schon behaupten, es handele sich bei einer Reimplantation um die Verpflanzung poetischer Erzeugnisse eines Reimschmieds? Und wer könnte allen Ernstes vermuten, ein Reimport sei etwas Ähnliches wie ein Airport, nur eben nicht für Flug-, sondern für Gäste eines Literaturzirkels? Das Dilemma, welches wegen der üblichen Zusammenschreibung zusammengesetzter deutscher Wörter entsteht, liegt auf der Hand: Bei flüchtigem Lesen gerät man tatsächlich in die Versuchung, Reim-Plantation statt Re-Implantation und Reim-Port statt Re-Import zu artikulieren. Immerhin wird vermutlich wenigstens beim zweiten Hingucken jeder Leser die optisch tückischen Vokabeln angemessen identifizieren. Aber nun richtet er den Blick auf gewisse Haltepunkte: aufs Mundhalten, Ohrensteifhalten, Händchenhalten, Beinhalten. BEINHALTEN? Diese alberne Kanzlei-Variante zu ENTHALTEN müßte endlich verboten werden, denn sie beinhaltet zwar ein irreführendes Bein, hat aber weder Hand noch Fuß.

Du sollst mich kennenlernen

Blödsinnige Bemerkung: »Ich habe ihn zum ersten Mal kennengelernt.« Das liegt auf einer Ebene mit einem Satz wie: »Goethe wurde am 28. August 1749 zum ersten Mal geboren.«

Kennengelernt, entdeckt, erfunden, geboren, enthauptet, beigesetzt, verschrottet wird grundsätzlich nur das erste Mal. Nur sprichwörtlich wird das Fahrrad ein zweites und drittes Mal erfunden und redensartlich der Mensch, beispielsweise nach einem Bad, ein zweites und drittes Mal geboren (wie neugeboren).

Merken wir uns: Wir lernen jeglichen Menschen irgendwann kennen, aber nicht zum ersten Mal kennen, sogar dann nur einfach kennen, wenn wir ihn erst viel später richtig kennenlernen, womöglich als Strolch entlarven.

Allesfresser

Der Meteorologe überraschte mich mit der Nachricht, daß der Morgennebel spätestens gegen Mittag GEGESSEN sei. Da ich mich auf Makkaroni mit Ketchup gespitzt hatte, fiel mir kulinarische Neuorientierung schwer, denn Nebel gehört nicht zu meinen fünf Leibgerichten. Soweit der Humor. Was nun im Ernst diese Modemacke (à la »Der Schwelbrand? Nun, der ist bei unserem intensiven Feuerwehreinsatz in einer Stunde gegessen!«, »Kann ich meine Schuhe, Herr Riemchen, am Wochenende abholen?« – »Ach was! Die sind schon morgen gegessen!« oder »Hallo, ist dort die Friedhofsverwaltung? Ich stecke im Stau. Komme ich um elf noch rechtzeitig zur Trauerfeier Kummerlöwe?« – »Leider nein! Die sterblichen Überreste sind schon dreiviertel elf gegessen!«) – was also diese GEGESSE-NEN Wetterunbilden, Katastropheneinsätze, Reparaturen, Grablegungen und so weiter betrifft, so ist jeder, der mir damit kommt, für mich gegessen, oder deutlicher: Den hab ich genascht, wenn nicht gar gefressen.

Dürf und frägt

Viele Berliner kommen mit den Um- und Ablauten nicht zurecht. Außer den korrekten »wir dürfen«, »ihr dürft« und »sie dürfen« höre ich nicht selten zwischen Wannsee und Schmöckwitz »ich dürf«, »du dürfst« und auch »er, sie, es, man dürf«. Weitere Konjugations-Schnurren im Spree-Havel-Zentrum: »Wohin fährt ihr denn?«, »Da fäßt man nicht an!«, »Schläft ihr im Auto?«, »Das mög schon sein!«, »Danach frägt mich keiner!«

Auch die Wiener leiden an einer Um-und-Ablaut-Schwäche – allerdings gegenläufig. In Österreich (manchmal auch in Bayern) kann man hören: »Du fahrst am besten mit dem Fiaker!« oder »Schlafst du im Hotel?« oder »Der Karl laßt sich einfach nicht überzeugen!« oder »Lotti backt die beste Mehlspeis in Wien!«

Ich weiß nicht, wie ich meine These begründen soll, aber ich neige dazu, die wienerischen Sprachverstöße für mundartlich legitim, die Berliner Normabweichungen hingegen für tadelnswert, weil häßlich, zu halten, obwohl ich als Vogtländer den Berlinern ihre Kodderschnauze eigentlich nicht verbieten dürf.

Gummijahre

Man muß es wieder und wieder hören oder lesen: »Lange Jahre war der Verstorbene hochgeschätzter Mitarbeiter unserer Firma!«, »Wir waren lange Jahre befreundet« oder »Ich habe an meinem Roman lange Jahre geschrieben«.

Was sind eigentlich LANGE JAHRE? Sind es nach erster Vermutung verlängerte Jahre, also Jahre mit 368 oder 899 Tagen? Das kann doch wohl nicht sein. Alle Jahre sind 365 (oder in Schaltjahren 366) Tage lang, und insofern ist es töricht, von langen oder vielleicht demnächst auch von kurzen Jahren zu sprechen. Allerdings: Fürs Gefühl können Jahre sehr wohl lang oder kurz sein, doch jedenfalls nur dann, wenn man ihre Anzahl beim Namen nennt. So kann selbstverständlich der Häftling von »sieben langen Jahren« Gefangenschaft und der schnellebige Playboy von »zehn kurzen Sturm- und Drangjahren« sprechen. Fazit: Zeitlich nicht fixierte lange oder kurze Jahre gibt es nicht, wohl aber fünf, sechs, zehn, fünfzig oder siebzig lange (oder kurze) Jahre. Das walte der Affenzahn der Zeit.

Kreistiere u.a.

Ich gebe zu: Die folgende Lektion ist etwas knifflig, aber ich versuche dennoch, meinen Unmut hinsichtlich des Umgangs mit zusammengesetzten Wörtern zu bekennen.

Also: Roda Roda hat schon vor fünfundsiebzig Jahren in einer Humoreske darauf hingewiesen, daß es zwar Ärzte, Tierärzte, Kreis-tierärzte und Oberkreistierärzte gebe, Kreistiere hingegen nicht. Vereinfacht gesagt: Ein Kompositum aus drei oder vier einzelnen Wörtern läßt sich nicht willkürlich auf ein Zweiwort-Kompositum reduzieren.

Und damit sind wir beim Warmwasserboiler. Bei Roda Roda angeknüpft: Selbstverständlich gibt es Boiler, Wasserboiler und Warmwasserboiler, aber Warmwasser gibt es nicht. Zugegeben: Das Kreistier ist grotesker als das Warmwasser, aber unzulässig sind die umgangssprachlich immer wieder benutzten Kombinationen Warmwasser, Heißwasser, Schlechtwetter, Schönwetter, Neukartoffeln und Frischfische allemal.

Und das Kuriose: Die Liebhaber all dieser sprachlichen Verstümmelungen ahnen nicht einmal, daß es in Wahrheit nur warmes Wasser, heißes Wasser, schlechtes und schönes Wetter, neue Kartoffeln und frische Fische gibt.

N-Zyklika

Zusammengesetzte Wörter haben also bekanntlich ihre Tücken. Ich rede gar nicht mal von Karl Valentins tiefsinniger Reflexion über die Unterschiede zwischen Semmelknödeln und Semmelnknödeln. Auch die koniferische Kiefernentzündung und die Merkwürdigkeit des Dreierhops Hals-Nasen-Ohren-Arzt (wäre nicht Hals-Nase-Ohr-Arzt oder Hälse-Nasen-Ohren-Arzt logischer?) sollen als Kuriositätenkabinettstücke nicht Gegenstand dieser Betrachtung sein. Mir geht es vielmehr um die Klärung der weltbewegenden Frage: SPEISEKARTE ODER SPEISENKARTE? Meine These: Es heißt richtig Speisekarte, weil das Argument der Speisenkarte-Befürworter, es stünden schließlich mehrere Speisen auf einer Speisenkarte, nur scheinbar stichhaltig ist. Speise ist bei unserem gastronomischen Bezug als Sammelbegriff zu verstehen, und schließlich spricht auch keiner von Speisenwagen, Speisenkammern und Speisenröhren, sondern von n-freier Speise, wenn es um zusammengesetzte Wörter geht.

Übrigens hieß es, wie ich mich erinnere, in meiner Jugendzeit korrekt Modeschau. Heutzutage ist durchweg von Modenschauen die Rede. Aber was soll man schon machen gegen so ein Modewort. Oder Modenwort?

Gute Besserung

Man kann seinen Lebensstandard, seine Verwandt-schaftsbeziehungen, seine Gesundheit, Körperpflege, hand-werkliche Fähigkeiten oder Sprache und Schrift verbessern – nicht aber Fehler, Mängel und Schwächen. Die kann und sollte man berichtigen, korrigieren, ausrotten, beseitigen, ausmerzen, tilgen.

So einleuchtend diese These ist – so unverwüstlich scheint die Sitte zu sein, orthographische Irrtümer des Schülers VERBESSERN zu lassen. Ich hoffe dennoch, daß moderne Lehrer nicht mehr wie zu meiner Schulzeit auf VERBESSERUNG bestehen, sondern auf BERICHTIGUNG.

Vorgestern tadelte mich Marieluise, nachdem sie mir fortgesetzt »naus« zugemutet hatte und ich die Umformu-lierung »raus« forderte: »Immerzu mußt du mich verbes-sern!« Ich redete fast eine Stunde auf Marieluise ein, um ihr klarzumachen, daß es Sache der Eugeniker sei, Men-schen zu »verbessern«, daß indessen ich mich maßvoll dar-auf beschränken wolle, sie, Marieluise, wo nötig zu korri-gieren. Aber ich hatte kein Glück. Als Marieluise sich von mir trennte, sagte sie zum Abschied nicht etwa: »Du ekel-hafter Korrektor!«, sondern reagierte unbelehrbar rückfäl-lig: »Weißt du, was du aus meiner Sicht bist? Ein Verbes-serwisser!«

Wortstapelei

Wohl bekomm's

Nicht alles sprachlich Reguläre ist auch schön. Zeitungsmeldung: »Der Dichter soll den Preis verliehen bekommen.« Verliehen bekommen? Geschenkt bekommen? Ausgehändigt bekommen? Überwiesen bekommen? Erstattet bekommen?

Bitte nicht. BEKOMMEN ist eine der häßlichsten Zeitwort-Krücken. Als autonomes Zeitwort kann man BEKOMMEN gelten lassen: »Er bekam einen Hustenanfall«, »Sie wird ein Kind bekommen« oder auch »Der Dichter soll den Preis bekommen« (besser allerdings: »dem Dichter soll der Preis verliehen werden«).

Haben Sie mitbekommen, worauf ich hinauswill? BEKOMMEN, ERHALTEN – sie taugen nicht als Hilfszeitwörter. Die Nachricht »Der Kraftfahrer F. erhielt den Führerschein weggenommen« ist zwar ein extremes Beispiel für Sprachbeschädigung, aber ganz allgemein wird viel zu viel und viel zu oft bekommen und erhalten. Mein neuer Schlips erregte Aufsehen. Ich verriet den Neugierigen: »Den habe ich zum Geburtstag geschenkt ausgehändigt bekommen erhalten gekriegt!« Oder hätte ich schlicht und unschelmisch antworten sollen: »Ein Geburtstagsgeschenk«?

Dankeschön

Früher sagte einer, wenn ihm Freundeshilfe zuteil geworden war: Die Besserung meiner Situation ist dem guten Menschen Franzpaul Schmidtmüller zu danken. Heute ist die Besserung der Situation dem guten Menschen F. Sch. »geschuldet«.

Nun ist gegen Schuldgefühle nichts einzuwenden – schon gar nicht, wenn Schuldentilgung ernsthaft und ehrlich in Betracht gezogen wird. Wenn aber auch geschuldet ist, was jemandem eigentlich nicht gedankt, sondern zur Last gelegt werden müßte, dann beginne ich an der richtigen Anwendung des Schuldbekenntnisses zu zweifeln.

Darf man wirklich kühn formulieren: »Das menschenmörderische Attentat ist fanatischen Fundamentalisten geschuldet«? Wohl nicht. Was GESCHULDET ist, sollte, denke ich, Wiedergutmachung erheischen und nicht Abscheu.

Wenn einer vernünftiges Deutsch spricht, kann er wohl sagen, daß sein hohes Sprachniveau dem Deutschlehrer geschuldet ist. Umgekehrt sollte ein mathematischer Blindgänger nicht wehklagen, sein dilettantischer Umgang mit Zahlen sei dem Rechenlehrer geschuldet. Jeder Lichtblick dieser Glosse ist natürlich ihrem Verfasser geschuldet. Verwirrung indessen ist ihm nicht zu schulden, sondern als Irrlicht anzukreiden.

Widerwürdiges

Nicht alle von Sprachkundigen akzeptierten Wörter und Wendungen sind deshalb auch ästhetisch schätzenswert. Besonders häufiger Einsatz des Hilfszeitworts WÜRDE verhäßlicht (außer im Passiv) die Sprache über alle Maßen. Das waren noch Zeiten, als man Luther-Deutsch sprach und zitierte: »Was hülfe es dem Menschen, wenn er die ganze Welt gewönne und nähme doch Schaden an seiner Seele!« Viele Konjunktive wirken heutzutage freilich antiquiert (»Wenn ich ihn kennte …«, »Ich führe lieber mit der Eisenbahn als mit dem Auto«, »Am Südpol gefröre ich zum Eisblock!«), so daß man wohl oder übel zur »würde«-Krücke greifen muß. Schleierhaft indessen ist und bleibt mir der verbale Einsatz von würde sein (statt wäre), würde haben (statt hätte), würde tun (statt täte), würde kommen (statt käme), würde denken (statt dächte) und würde gehen (statt ginge). Keinesfalls würde es mir leid tun, wenn Sie meinen Abscheu gegenüber vorgenannten Widerwürdigkeiten nicht teilen. Aber es täte mir leid.

Landesweit wird mit »würden« (von Hochwürden mal abgesehen) erschreckend Schindluder getrieben. »Wir würden Sie bitten, die gegenüberliegende Tür zu benutzen!«

In diesem speziellen Hintertüren-Fall ist unübersehbar, wie albern der WÜRDE(N)-Gebrauch bei derartigen Weisungen und Informationen ist. Plausibel formuliert wäre doch etwa: »Bitte Vordertür benutzen!« Am vernünftigsten fände ich es freilich, nach englischem Vorbild »No smoking« kurz und bündig zu schreiben »Eingang gegenüber!« Schließlich käme man jenseits des Kanals gar nicht auf den Gedanken, das Rauchverbot galant mit den Worten »Please be so kindly to renounce smoking« zu dekretieren.

Substantivitis (II)

Gut: Wir haben uns angestrengt.
Ziemlich gut: Wir haben Anstrengungen gemacht.
Schlecht: Wir haben Anstrengungen unternommen.
Gut: Ich habe versucht.
Ziemlich gut: Ich habe den Versuch gemacht.
Schlecht: Ich habe den Versuch unternommen.
Gut: Wir waren verreist.
Auch gut: Wir haben eine Reise gemacht.
Gestelzt: Wir haben eine Reise unternommen.
Gut: Ich war einkaufen.
Leidlich gut: Ich habe Einkäufe gemacht.
Schlecht: Ich habe Einkäufe getätigt.

Es geht mir darum: Je mehr Substantiv-Vermeidung, um so besser. Wenn es aber schon geboten erscheint, eine hauptwörtliche Fügung zu benutzen, halte man sich an alltägliche Wendungen und vermeide Sprachzierat.

Gut: Wir haben geplant.
Weniger gut: Wir haben einen Plan gemacht.
Scheußlich: Wir haben einen Plan erstellt.
Gut: Wir musizieren.
Weniger gut: Wir machen Musik.
Abscheulich: Wir üben Musik aus.

Keine übertriebene Angst vorm Verb MACHEN, wenn sein Gebrauch üblich ist. In diesem Sinne, lieber Leser, perfektioniere die gestellte Aufgabe optimal – nein: Mach's gut!

Ateljehtnichmehr

Bezeichnet man einen Frisörladen als »Haarstudio«, hat er auf den ersten Blick einen manierierten Namen, indes kann sich ein Damen- und Herrensalon mit zehn Bedienplätzen durchaus angemessen Studio (Künstlerwerkstatt) nennen. Weniger einleuchtend sind (meist fremdwörtliche) Bezeichnungen für Handels- und Dienstleistungsbetriebe, die dem Kunden gigantische Dimensionen vorgaukeln. Unmut nagt an meinem Sprechzentrum (Grammar Center), wenn ich von Shop zu Store, von Boutique zu Branch, von Office zu Agency und von Studio zu Center spießrutenlaufe, ohne fündig zu werden. Erst vorige Woche stöberte ich ein sogenanntes Marketing Center auf, das sich nicht im mindesten im Zentrum Berlins befand, sondern in Gestalt einer kargen Steinbaracke an der Hauptstadt-Peripherie just dort, wo sich Fuchs und Hase nicht etwa gute Nacht, sondern GOOD NIGHT sagen.

Die Kunstmaler, die Fotografen, die Couturiers, alle die feinen Leute eben, die sich in höheren ästhetischen Sphären wähnen, haben für sich das Wort Atelier beschlagnahmt. Wenn es aber, so frage ich mich bei dichterischem Höhenflug in meiner Schriftstellerwerkstatt, Malerateliers, Foto- und Modeateliers gibt, warum dann darf nicht auch ich auf das schöne Wort Atelier Anspruch erheben?

Poetenatelier – das klänge dem Niveau meiner subtilkreativen Tätigkeit fürwahr angemessen.

Und die festangestellten Zeitungsleute? Haben sie nicht ebenfalls Anspruch auf ein, sagen wir, ranghöheres Redaktionsatelier?

Warum schlicht Tierkörperbeseitigungsanstalt, Geldfälscherwerkstatt und Kuhstall? Sollten wir uns nicht zum

Tierkörperbeseitigungsatelier, zum Blütenatelier und zum Milchviehatelier emporranken?

ATELIER – das einzig wirklich vornehme Allzweckbeherbergungswort von der Wiege bis zur Bahre oder, besser: vom Kleinkindatelier bis zum Dahinfahratelier.

Hyperlob-byisten

Der Umgang, namentlich der unangemessene, mit dem Superlativ kann aus unzähligen Augenwinkeln betrachtet werden. »Der Einsatz des Fußballers war mehr als lobenswert!«

Hm! Mehr als lobenswert? Höchst lobenswert? superlobenswert? Ist, so frage ich sanft, LOBENSWERT als Gütesiegel nicht ausreichend? Mehr als lobenswert. Wie oft kann man hören: mehr als erschöpft, mehr als begeistert, mehr als aufrüttelnd, mehr als aufdringlich, mehr als deprimiert, mehr als arrogant, mehr als ... nein: mehr als schwanger, mehr als tot, mehr als mehrmals habe ich noch nicht oder allenfalls in satirischen Lese- und Bühnenstükken entdeckt.

Die chronischen MEHR-ALS-Liebhaber sollten sich gelegentlich klarmachen, daß MEHR ALS GUT leichter wiegt als GUT. Auch ein Staatsmann gewinnt nicht an Größe, wenn man seine Größe auf MEHR ALS GROSS hochstilisiert. Und ob Sie's glauben oder nicht: Ich habe auch heute mal wieder recht. Mehr als recht. O je!

Folgenlos

»Es begab sich zu der Zeit folgendes: daß ein Gebot vom Kaiser Augustus ausging, daß alle Welt folgendes würde: geschätzt. Und die Schätzung war folgende: die allererste und geschah zur Zeit, da Cyrenius folgendes war: Landpfleger in Syrien. Und jedermann ging, daß er sich folgendes ließ: schätzen auf eine Weise wie folgt: ein jeglicher in seiner Stadt. Da machte Joseph aus Galiläa folgendes: sich auf aus der Stadt Nazareth in das jüdische Land zur Stadt Davids, die da heißt Bethlehem, darum, daß er war folgendes: von dem Hause und Geschlecht David, auf daß er sich folgendes: schätzen ließ mit Maria, seinem vertrauten Weibe, die war folgendes: schwanger ...«

Ein Glück, daß Martin Luther den Bibeltext verfaßte. Ein heutiger Autor würde mit der FOLGENDES-Keule Schliff und Spannung suggerieren. Die Hörergemeinde jedoch liegt längst in Morpheus Armen.

Endlos Schwulst

Sätze, die man nicht vergißt: »Der Beifall war ein nicht enden wollender«, »Der Ausflug nach Staffelstein war ein uns beeindruckender, der Dank an die Organisatoren ist ein herzlicher« und »Der Beinbruch war ein komplizierter«. Beinbruch hin, Stilbruch her – nachtrabendes Adjektiv (beziehungsweise Partizip) ist meist schwülstig und von Übel. Nichts gegen poetische Kunstgriffe! »Ans Vaterland, ans teure, schließ dich an ...« Schiller hatte gute Gründe, Versmaß und Wohlklang im Auge und im Ohr zu haben, aber für den Hausgebrauch setze ich auf »Der Tag war lang« gegen »Der Tag war ein langer«, »Das Problem ist vielschichtig« gegen »Das Problem ist ein vielschichtiges« und »Der Konflikt darf nicht unterschätzt werden« gegen »Der Konflikt ist ein nicht zu unterschätzender«. Andererseits ist es mir egal, ob Sie urteilen »Dies ist eine hervorragende Glosse« oder »Diese Glosse ist eine hervorragende!«

Positiv-negativ

Was gefällt besser: Lange Krankheit hat seine körperliche Entwicklung negativ beeinflußt oder: Lange Krankheit hat seine körperliche Entwicklung beeinträchtigt? Zweites Beispiel: Ein gutes Elternhaus beeinflußte seinen Charakter positiv oder: Ein gutes Elternhaus förderte seinen Charakter. Und ein drittes: Sie war negativ gestimmt oder: Sie war verstimmt. POSITIV-NEGATIV. Ich kenne Leute, denen mangels ausreichenden Wortschatzes POSITIV und NEGATIV als adverbiale oder attributive Krücken unentbehrlich erscheinen. Statt BEEINTRÄCHTIGEN formulieren diese Positivnegativisten (siehe oben) NEGATIV BEEINFLUSSEN,

    statt JA SAGEN – POSITIV ANTWORTEN,

    statt LOBEN – POSITIV BEURTEILEN,

    statt TADELN – NEGATIV BEURTEILEN,

    statt APPLAUDIEREN – POSITIV REAGIEREN,

    statt KRITISIEREN – NEGATIV EINSCHÄTZEN,

    statt ABLEHNEN – NEGATIV ENTSCHEIDEN

    statt ES HAT SICH GELOHNT – ES HAT SICH POSITIV AUSGEWIRKT.

Der mannigfaltigen Beispiele kurzer Sinn: Die Positiv-Negativ-Masche trägt nicht zur Sprachbereicherung bei. Es gibt genug Wörter, die Negatives und Positives eindeutig markieren. Überlassen wir positive Bilanzen den Buchhaltern und die Negative den Fotografen.

Bedürftigkeit

Die Zeiten, als man sich bei dem Wort BEDARF immer nur Materielles vorstellte (man denke an die genitivisch amputierte Handelskette »Waren täglicher Bedarf«) sind ein für allemal vorbei. Siebengescheite, namentlich solche in Regierungskreisen, in parlamentarischen Sphären und Redaktionsstuben, haben längst das Vokabular immaterieller Bedürfnisse entdeckt: »In Berlin besteht hinsichtlich einer Bezirksreform Abstimmungsbedarf ...« Diesen Satz las ich im Januar 1997 in einer überregionalen Zeitung. Da sieht man's also: Die Nachfrage nach Bananen, Frühlingsquark und Teneriffa-Ferienreisen ist »out«, »in« ist der plebiszitäre Bedarf. Und nicht nur der!

Es gibt Entscheidungsbedarf, Handlungsbedarf, Aufklärungsbedarf. Jedenfalls aus Sicht der Parteien. Und sogar die Opposition ist um des lieben Kompromisses willen längst bereit, einen Unterscheidungsbedarf zwischen den Parteien zu leugnen, denn es besteht in den Lebensfragen der Nation Übereinstimmungsbedarf. Natürlich sind meine naseweisen bedarfsdeckungsorientierten Anmerkungen nicht im Sinne der Bundesregierung, die aus dem Mund ihres Pressesprechers demnächst erklären wird: Es besteht, was die politischen Richtlinien der Regierung betrifft, kein Mißbilligungsbedarf, schon gar kein Rücktrittsbedarf.

Hochtrabend

Mit der AKZEPTANZ ist es ähnlich wie mit dem KONSENS: Beide Vokabeln kommen im Alltag nicht vor. Sie tummeln sich außerhalb der simplen Kommunikation. Sie beschränken sich auf höhere, genauer: auf bürokratische sowie auf parlamentarische Ebenen. Damit will ich keinesfalls sagen, daß es das Wort Akzeptanz nicht gibt. Es kann als durchaus akzeptables Hauptwort zum Tätigkeitswort »akzeptieren« akzeptiert werden. Nur: Brauchen wir ausgerechnet dieses (erst seit einem Jahrzehnt grassierende) hochtrabende Neo-Substantiv? Nein, nochmals nein. Bewährte und jedermann verständliche und vertraute Wörter wie Zustimmung, Übereinstimmung, Billigung, Einverständnis machen die Akzeptanz überflüssig.

Auch mit dem Konsens sollte kein ewiger Bund geflochten werden. Wenn sich zwei oder drei oder vier oder hunderttausend Leute einig sind, brauchen sie keinen Konsens. Ihnen genügen Übereinstimmung, Einklang und Harmonie.

Nun kommen Sie mir bitte nicht mit dem Satz: »Ihre These, werter Dozent, provoziert Dissens!« Meinungsverschiedenheit wäre mir lieber.

Ein weiteres Beispiel für Fremdwort-Entbehrlichkeit: RELEVANT und IRRELEVANT. Man kann sehr gut ohne beide elefantisch klingenden Vokabeln auskommen. Jedenfalls ist es nicht erheblich (nicht relevant beziehungsweise irrelevant), als normaler Mensch im Leben niemals der Relevanz begegnet zu sein. Dann schon lieber der Irrelevanz. Die klingt so schön irre.

Als daß

Gefallen Ihnen derartige Sätze: »Die Sache ist zu ernst, als daß man sie auf sich beruhen lassen sollte«, »Der Moderator ist zu alt, als daß er diese Sendung zügig moderieren könnte« oder »Mir ist diese Reise zu teuer, als daß ich statt dessen meine Wohnung renovieren lassen würde«?

Ich nehme Ihnen die einzig vernünftige Antwort aus dem Mund: Solche ALS-DASS-Konstruktionen sind häßlich und leicht vermeidbar, weil es sprachlich viel gefälligere Sätze gibt, nämlich: »Die Sache ist zu ernst, um sie auf sich beruhen zu lassen«, »Der Moderator ist zu alt, um diese Sendung zügig moderieren zu können« und »Mir ist diese Reise zu teuer, um mir die notwendige Renovierung meiner Wohnung leisten zu können«.

Mag sein, daß Sie meine Lektion zu wenig einleuchtend finden, als daß Sie mir beipflichten könnten, aber ich halte Sie dennoch für viel zu vernünftig, um meinen Ansichten keine Bedeutung beizumessen.

Zeitgewinnler

Der Stadtbaudirektor wurde in einer Fragestunde des Parlaments gefragt, ob das Wohnungsbauprogramm termingerecht realisiert werde. Die aufrichtige Antwort hätte lauten müssen: Nein. Was aber sagte der rhetorische Zeitgewinnler tatsächlich? Er deklamierte: »Nun – das ist eine sehr interessante Frage! Ich denke mal so: Man muß dazu offen und ohne Umschweife Stellung nehmen. Was also, sage ich mal, das Wohnungsbauprogramm als solches betrifft, so möchte ich sagen beziehungsweise würde ich sagen wollen, daß, nun es ist doch so, daß, wenn Sie so wollen, die Bautätigkeit hinsichtlich der Erstellung von Wohnungseinheiten für die Bevölkerung gewissermaßen wegen der hier im einzelnen nicht in allen Parametern aufzuzählenden objektiven Schwierigkeiten ...« Zwischenruf: »Wie ist denn nun, Herr Stadtbaudirektor, die aktuelle Lage im Wohnungsbausektor?« – »Wie schon eingangs erwähnt, ist eine absolute Aussage insofern nur relativ möglich, als ...« Echo von der Oppositionsbank: »Verdammt noch mal: Sind die Wohnungen fertig?« Abschliessendes Statement des Referenten: »Wie schon, wenn auch mit anderen Worten, eingangs ausgeführt, vermute ich mal: Nein!«

Redewendehälse

Redewendungen können nicht gegen alle Regeln der Kunst verdreht und verbogen werden – es sei denn, der Verfasser zielt bewußt auf den komischen Effekt. Dann allerdings darf man schon mal statt »Ich bin fix und fertig« sagen »Ich bin fix und alle« oder statt »Leben Sie wohl!« – »Leben Sie sowohl als auch!« Wenn indessen ein seriöser Reporter bei seriöser Gelegenheit – ich habe die folgenden Sätze an einem einzigen Tag notiert – artikuliert »Ich finde es schade ...« (statt »Ich finde es bedauerlich« oder »Schade, daß ...«), »Er fällt mir lästig« (statt »Er fällt mir zur Last«), »Er hat seine Ware losgekriegt« (statt »Er ist seine Ware losgeworden«) und »Nach geraumer Weile« (statt »Nach geraumer Zeit«) – dann geht so laxer Umgang mit kultivierter Sprache dem Inhaber sensibler Ohren keineswegs über die Hutkordel, sondern regelrecht über die Hutschnur.

Gänseklein

Anführungszeichen sind unentbehrlich. Sie sind, so finde ich, unentbehrlich zur Markierung der wörtlichen Rede. Es gibt keinen Grund, sie mit Hinweis auf die Dynamik eines Textes oder ein vermeintlich modernes Schriftbild von ihrem angestammten Platz, nämlich der Kennzeichnung des Beginns und des Endes der wörtlichen Rede (ebenso des Zitats) zu verdrängen. Hier haben sie ihre ursprüngliche und einzige Funktion.

Denn darüber hinaus ist die Gänsefüßchen-Liebhaberei nur ärgerlich. Glücklicherwiese heißen »Tagesspiegel« und »Berliner Zeitung« längst schlicht Tagesspiegel und Berliner Zeitung, und fröhliche Zecher versammeln sich im Bären, im Schwan oder Hirsch, nicht hingegen im »Bären«, »Schwan« und Hirsch«, weil auch der Dümmste bei amputierten Gänsefüßchen sehr wohl zwischen Zoologie und Gastronomie zu unterscheiden weiß.

Ich gestehe, extrem anführungszeichenfeindlich zu sein, weil Anführungszeichen dazu verführen, Ironie und bildliche Wendungen begriffsstutzigen Lesern unmißverständlich einzu(holz)hämmern.

Wenn in einer Zeitung von einem Verkehrsunfall berichtet wird, bei dem am PKW »Beulen« zurückgeblieben sind und wenn an anderer Stelle gezweifelt wird, ob die Partei mit ihrem Wunschkandidaten aufs richtige »Pferd« gesetzt hat, muß sich der Leser gänsefußgerecht verarscht fühlen, denn nicht mal das einfältigste Schaukelpferd verwechselt den wirklichen Gaul mit dem redensartlichen Roß.

Fazit: Obwohl ich keine Weihnachtskerze bin, geht mir die Anführungszeichenseuche auf den Docht.

Hoffnungslos

Wie ist das eigentlich mit der Hoffnung? Oft lese oder höre ich: »Es besteht keine Hoffnung mehr, daß ...« (daß der kranke Opa wieder zu Kräften kommt, der Sportklub Hohenwutzen Fußballmeister wird, der entlassene Erwin Müller einen neuen Arbeitsplatz findet usw.) Wie denn: keine Hoffnung? Soll doch wohl heißen: keine Zuversicht oder, schlicht, keine Aussicht.

Mit der Hoffnung jedenfalls verhält es sich – philosophisch und tatsächlich – ähnlich wie mit der Liebe: Sie höret nimmer auf. In Wahrheit liegen der Version »Es besteht keine Hoffnung mehr ...« semantisches Mißverständnis und sprachliche Gedankenlosigkeit zugrunde, denn es entspricht der Natur des Menschen, im Schillerschen Geiste noch am Grabe die Hoffnung aufzupflanzen.

Ein ähnlich falscher Zungenschlag ist bei der Kondolenz »Verehrte Frau Sundermann! Wenn wir auch alle das Ableben Ihres Gatten erwartet hatten, bedeutet doch für uns und vor allem für Sie sein Tod einen schweren Verlust!« im (Trauer)Spiel. Es ist schon ein Unterschied, ob wir mit einem Trauerfall RECHNEN mußten oder ob wir ihn ERWARTET (das klingt wie: herbeigewünscht) haben.

Zumutung

In der Verfilmung des Romans »Jeder stirbt für sich allein« schreit der Gestapo-Schinder seinem Opfer Otto Quangel triumphierend ins Gesicht: »Da sehen Sie! Ihre Postkartenaktion hat nichts bezweckt!«

Mir ist unbegreiflich, warum BEZWECKEN und BEWIRKEN immer wieder verwechselt werden. Ich erinnere mich an die Aussage eines Mitschülers zu meiner Schulzeit: »Ich habe mich angestrengt, das Sportabzeichen zu schaffen, aber nichts bezweckt!«

Ein anderes oft verwechseltes Pärchen ist ZUTRAUEN und ZUMUTEN. »Na, warum hat sich denn Erna noch nicht als Fahrschülerin angemeldet?« – »Sie hat Angst vorm Straßenverkehr und mutet sich nicht zu, ein Auto zu beherrschen!« Wer die feinen oder groben Unterschiede von BEZWECKEN-BEWIRKEN und ZUTRAUEN-ZUMUTEN nicht fühlt, möge sich auf Sätze konzentrieren, die alternativ möglich sind, z.B.: »Diese Glosse soll bezwecken oder bewirken, daß Sie sich sprachliche Horizonterweiterung sowohl zumuten als auch zutrauen.«

Prinzipienfestes

Das Prinzip hat sich im Prinzip auch dort in die Sprache eingeschlichen, wo man im Grundsatz sowie grundsätzlich und prinzipiell darauf verzichten sollte. Das Tückische am Prinzip (deutsch: Grundsatz) ist dessen zweifache Auslegung: Einmal hat das Prinzip ausschließende (er rauchte prinzipiell nicht = er rauchte nie), ein andermal relativierende Bedeutung (er rauchte im Prinzip nicht, aber sonntagabends gelegentlich doch). Völlig unsin-

nig werden PRINZIPIELL, IM PRINZIP oder GRUNDSÄTZLICH
jedoch, wenn sie als Flickwort-Floskeln in den Dialog ein-
fließen: »Liebst du mich?« – »Im Prinzip ja!«, »Prüfung
bestanden?« – »Im Prinzip durchaus!«, »Angenehme
Nachbarn?« – »Im Prinzip schon!« Und das fehlte noch:
»Lebt Ihre Urgroßmutter noch?« – »Im Prinzip vielleicht!«
Mein Vorschlag: Man sollte aufs bombastische Prinzip
prinzipiell verzichten. Man kommt nämlich auch ohne dessen Artikulation ganz gut durchs Leben. Im Prinzip.

Legende

Zeitungsmeldung: »Die Jazz-Legende Helmut Bürger
spielt mit einem Mainstream Orchestra am Sonnabend im
Jazz-Club.«

Also wissense, also wissense – nee! Die Liebe und Legen-
denbildung hören nimmer auf. JAZZ-LEGENDE Helmut
Bürger? Vielleicht wird man in diesem Jahrhundert den
Ex-Bundeskanzler Willy Brandt in den Rang, aufs Niveau
sowie aufs Level einer Legende erheben dürfen, aber dieser womöglich gar nicht untalentierte Helmut Bürger wäre
vermutlich mit dem Titel JAZZ-STAR zufrieden.

Viel zu oft werden viel zu vielen durchaus lebendigen
rüstigen Zeitgenossen Prädikate wie eben Legende, Licht-
gestalt, Mythos und – wie dem Verfasser dieser Kolumnen
in einem BILDreichen Boulevardblatt widerfuhr – Ikone
(nämlich kabarettistische) aufgepfropft. Dabei ist meiner
Eitelkeit schon mit dem gelegentlich gedruckten Titel
SPRACHPAPST Genüge getan.

Beweise

Immer wieder wird irgendwas UNTER BEWEIS GESTELLT, obwohl die Nachricht nicht aus dem Gerichtssaal kommt.

Ich ahne: Sie, liebe Lesergemeinde, wissen nicht, worauf ich hinauswill. Jetzt sag ich's Ihnen: Landläufiges BEWEISEN hat mit dem juristischen Begriff UNTER-BEWEIS-STELLEN ähnlich zu tun wie Kompott mit Komplott und Kompost.

Und trotzdem: Wer sich heutzutage besonders gewählt auszudrücken bemüht, entscheidet sich fürs Vokabular des kleinen Moritz: Alles mögliche wird UNTER BEWEIS GESTELLT, was im Grunde schlicht zu beweisen wäre. Talent, zum Beispiel, Zustimmung, Einsicht, Leistungsbereitschaft und dergleichen mehr.

Spitzfindigkeiten? Ein Anwalt, der dem Tribunal Beweise für die Unschuld seines Mandanten anbietet, ein Rechtsgelehrter also, der eine weiße Weste UNTER BEWEIS STELLEN will, ärgert sich mit Recht über eine lächerliche verbale Alltagsverfälschung. Quod erat demonstrandum – Was zu beweisen war – hieß es am Schluß jeder Beweisführung des Mathematikers Euklid. Oder sollte man falschdeutsch übersetzen: »Was unter Beweis zu stellen war«?

Befremdliches

Zum Aussuchen

»Hast du mich nicht rufen gehört?«, »Gestern habe ich dich an der Omnibushaltestelle warten gesehn!«, »Er hätte sich nicht einmischen gedurft« oder »Wir haben ihm seine finanziellen Probleme lösen geholfen«. Solche Sätze, weil unbestritten regelkonform, lassen keine andere dudengerechte Formulierung zu. Scheinbar. Tatsächlich aber kann ganz im Einklang mit den Sprachregeln bei einigen (auch modalen), Zeitwörtern wie dürfen, können, mögen, müssen, fühlen, helfen, hören usw. anstelle des Perfekt-Partizips ein schlichter Infinitiv (Grundform) gesetzt werden. Also: »Hast du mich nicht rufen hören?«, »Gestern habe ich dich an der Omnibushaltestelle warten sehn!«, »Er hätte sich nicht einmischen dürfen« und »Wir haben ihm seine finanziellen Probleme lösen helfen«. Aber keine Angst: Auch die oben zuerst verzeichneten Beispielsätze sind korrekt.

Geflügeltes

Als Kinder, wie ich mich gut erinnern kann, sagten wir FLIEGER, wenn wir FLUGZEUGE meinten. Sprachpfleger korrigierten streng: Flieger sind Piloten, Flugzeuge indessen jene technischen Gebilde, die sich, von Lilienthals Jüngern kutschiert, in die Lüfte erheben wie Nachtigall und Albatros. Fazit solcher Belehrung: Flieger sind Flieger und Flugzeuge Flugzeuge. Basta.

Heutzutage, sechzig Jahre nach meinen Kindheitsfehlleistungen, haben sich Flieger als Flugzeuge umgangssprachlich durchgesetzt. Sprachpedanten halten fest an korrekten Bezeichnungen, Routine-Fluggäste indessen fliegen mit dem Flieger, obwohl sie sich persönlich ebenfalls ganz Flieger (Vielflieger, Ab-und-zu-Flieger usw.) fühlen. Lediglich die tatsächlichen Flieger heißen nirgends mehr Flieger, sondern Piloten, Kommandanten oder Bordpersonal. Es ist ähnlich wie mit den Trucks. Anhalterinnen freuen sich, einen Trucker besteigen zu dürfen, und sie meinen selbstverständlich den Truck und nicht den Fahrer desselben.

Häschen und Röschen

Schreibungen dieser Art kommen immer mehr in Mode: BuchVerlag, EinkaufsCenter, FißtneßStudio. Wir wollen nicht kleinlich sein. Verfasser solcher Schreibungen setzen womöglich auf bessere Lesbarkeit gewisser zusammengesetzter Wörter (Komposita) und sind nicht unbedingt zu tadeln. Aber wenn wir uns an so eine Neuerung schon zu gewöhnen gedächten, dann sollte mal überlegt werden, wie wir künftig der Ratlosigkeit ausweichen, wenn uns auf Ortsschildern die Namen HÄSCHENDORF und HÄSCHEN-BUSCH sowie im Berliner Telefonbuch Ingeborg RÖSCHEN und Carola HÄNSCHEN begegnen. In allen diesen genannten Fällen sollte man die oben angeführte Mode zur Regel machen. Demnach wäre, wenn sich die genannten Dörfer aufs Stammwort Hase zurückführen lassen, HäsChendorf und HäsChenbusch zu schreiben. Ist das nicht der Fall, müßte die Schreibung HäSchendorf und HäSchenbusch verbindlich sein. Entsprechend wären die Namen Ingeborg RösChen oder RöSchen bzw. Carola HänsChen und HänSchen ins Telefonbuch zu setzen. Oder doch keine gute Idee?

Staubwolke

Meine Deutschlehrer in den dreißiger Jahren fühlten sich immer von der Tarantel gestochen, wenn ich in meinen Aufsätzen Sätze der direkten oder indirekten Rede nicht brav mit einem Tätigkeitswort des Sagens, Fragens, Denkens oder Fühlens einleitete. Verkürzungs- oder Einsparungs-Faxen, wie sie heute gang und gäbe sind, galten als unkultiviert und dudenwidrig. Bei Mindeststrafe dreiviertelstündigen Nachsitzens (mit Schreibübungen) wurde etwa der Satz »›Komm‹, so meine Mutter, ›nach der Klavierstunde sofort nach Hause!‹« korrigiert. Ich hätte selbstverständlich schreiben müssen: »Ich solle, ermahnte mich meine Mutter, nach der Klavierstunde sofort nach Hause kommen.« Ganz ungebührlich war diese Verkürzung: »Der Bürgermeister: ›Gut so!‹« Und geradezu verbrecherisch: »›Mich siehst du nicht wieder‹, machte er sich aus dem Staub.« Ich weiß, daß bei allem Verständnis für journalistische und literarische Verkürzungen mein Staub-Satz auch heutzutage von strengen Philologen verschmäht und verdammt wird. Aber mir gefällt er.

Bratskartoffeln

Wo und wann immer mir mündlich, geschrieben oder gedruckt der Schadensersatz begegnet, muß ich an die im Komik-Bereich wuchernden Vokabeln Metersmaß, Ladensschluß, Werkstätige, Sportsfreund, Windsmühlen, Baumskuchen, Feuerslöscher, Brotsbeutel, Handswerker, Notsnagel, Wortswechsel und Bratskartoffeln denken.

Die Regeln für die Einfügung des Fugen-s sind nachschlag- und erlernbar, aber es gibt zahlreiche Ausnahmen, bei denen Kenntnis und Sprachgefühl gefragt sind. Außerdem haben etliche Wörter sowohl mit als auch ohne Fugens ihre Existenzberechtigung: Wir geben eine Einkommenssteuererklärung ab, lassen uns aber auch zur Zahlung von Einkommensteuer auffordern; bei der Versteuerung des Vermögens verhält es sich genauso. Wir kennen Bahnhofsstraßen und Bahnhofstraßen. Und kriegführenden wie kriegsführenden Parteien sollte man richtungsweisenden oder richtungweisenden Rat geben.

Kurz und gut: Mir ist der Schadenersatz lieber als der Schadensersatz. Am allerliebsten freilich ist mir die Befreiung von jeglichem Schadenersatz. Juristisch gesehen.

Selbst ist die Frau

Es liegt mir fern, mich ausgerechnet über komisch formulierte Todesanzeigen zu mokieren. (Sie wissen schon: »Mit ihm starb …« – wer eigentlich ist nun tatsächlich mit dem Dahingeschiedenen gemeinsam gestorben?) Aber die zu Grabe getragene Frau Hempel war doch wohl eher eine Reichsbahninspektorin als ein Reichsbahninspektor i. R. Gewiß, die verbale Feminisierung stößt oft an (scheinbare) Grenzen. Neulich fragte ich eine Hausbewohnerin, deren fremdländischer Akzent unüberhörbar ist, was für ein Landsmann … hm, was für eine Landsmännin, also was für eine Landsfrau sie sei. Aber in den meisten Fällen bieten sich unproblematisch weibliche Bezeichnungen an: Ärztinnen, Schaffnerinnen, Kauffrauen, Anwältinnen, Pianistinnen, Soldatinnen, Ministerinnen. Auch Kanzlerin. Auch Päpstin, jedenfalls als werbewirksamer Buchtitel. Noch nicht geklärt ist die Frage, ob ein weiblicher Zimmermann Zimmermännin heißen darf. »Zimmerfrau« jedenfalls weist in Richtung Maritim, Dorint und Steigenberger.

147

Keine Enteigentlichung

Eigentlich ist EIGENTLICH kein schlechtes Wort. Ich weiß eigentlich nicht, warum Dutzende Philologen, Germanisten, Studienräte und sonstige Sprachexperten eine Vokabel auf den Index gesetzt haben, die, in angemessenen Zusammenhängen und Frequenzen angewandt, unsere Sprache bereichert: eigentlich. »Eigentlich wartet auf mich ein neuer Termin, aber wir sollten unser Gespräch in Ruhe zu Ende führen!« – »Eigentlich parken Sie vorschriftswidrig, aber weil Sie sich nur fünf Minuten vom Fahrzeug entfernt haben, will ich mal ein Auge (des Gesetzes) zudrücken!« – »Eigentlich ist die Bürosprechstunde beendet, aber wenn Sie nun schon mal hier sind ...« Ist EIGENTLICH nicht in Wahrheit ein brauchbares, mehr noch: ein gutes und menschliches Wort, das eigentlich unserem Verständnis sowohl für den Nachbar als auch für den Rivalen oder gar unserem Widersacher weiteste Spielräume der Toleranz erschließt? Freilich: Wer sein Leben und den Umgang mit dem Mitmenschen nur nach gesetzbuchstäblichen juristischen und moralischen Normen einrichtet, der kann von der Wiege bis zur Bahre auf jeden EIGENTLICH-Gebrauch eigentlich verzichten. Die Frage ist nur: Ist der uneigentliche Erdenbürger eigentlich glücklich?

Mozarts kleine Volksmusik

Mir, dem Vogtländer, dürfen Stefanie Hertels Texte nicht gleichgültig sein. Die von der artigen Gesangskünstlerin artikulierten Wörter und Sätze werden an Philologen und Germanisten weder adressiert noch von ihnen reflektiert. Aber auch bei großzügiger Einschätzung (von Wertschätzung ganz zu schweigen) solcher Passagen wie »Du brauchst ja gar kein Mozart sein« muß gegen allzu freien Umgang mit der deutschen Sprache protestiert werden. Gewiß, viele Laien und Experten ahnen Regeländerung, aber nach wie vor gilt: »Wer brauchen ohne zu gebraucht, braucht brauchen überhaupt nicht zu gebrauchen!« Und deswegen fragen sich außer mir gewiß viele Stefanie-Hertel-Schlager-Konsumenten, warum der Texter nicht auf die Idee gekommen ist, regel- und stilkonform zu dichten: »Du mußt ja gar kein Mozart sein.« Ich weiß schon: Mancher wendet ein, mit einem so veränderten Text ändere sich auch dessen Sinn. Stimmt aber nicht. NICHT MÜSSEN und NICHT ZU BRAUCHEN stimmen semantisch überein.

Trauschauwem?

Gewiß, einem Standesbeamten ist schon zuzutrauen, ein heiratswilliges Paar zu trauen, ohne ihm zu trauen. Aber von diesem Kalauer abgesehen, begegnet man im Sprachalltag großer Verlegenheit bei Formulierungsversuchen, die mit der Bewältigung oder Nichtbewältigung aller möglichen Gefahren zu tun haben. Wie denn nun: »Ich trau mich nicht« oder »Ich trau mir nicht« oder »Ich getrau mich nicht« oder »Ich getrau mir nicht …, meinen Chef um eine Gehaltserhöhung zu bitten!«

Keine Panik. Alle vier Versionen sind akzeptabel. Dagegen gilt das reflexive Verb in bezug auf Wagnisse als zu gewagt und dudenwidrig: »Ich habe mich (mir) nicht gewagt …« – diese gewagte Formulierung wird mißbilligt. Viel schöner klingt: »Ich habe es nicht gewagt, mein erspartes Geld der Scientology-Sekte zu vermachen!« Das ist richtiges Deutsch und ein weiser Entschluß zumal.

Flichtlektüre

Bei Tätigkeitswörtern sind Ablaut-Mutationen eher die Regel als die Ausnahme. Aus dem E beispielsweise wird ein I bei nehmen (nimmt), bergen (birgt), verbergen (verbirgt), erschrecken (erschrickt), verderben (verdirbt), werben (wirbt), sterben (stirbt), stechen (sticht), sprechen (spricht), brechen (bricht), geben (gibt), gebären (gebiert). Im allgemeinen haben die Leute keine Schwierigkeiten mit dem Ablaut i. Höchstens der Berlin-Brandenburger artikuliert: »Wie man so sprecht!« Mundarten haben ihre von der Norm abweichenden Regeln.

Nun aber das große Aber: Bei FLECHTEN versagt oft des Volkes Sprachgefühl. Nicht selten hörte und las ich: »Er flechtet.« Schiller jedoch dichtete wallensteinisch richtig: »Dem Mimen flicht die Nachwelt keine Kränze.« Und eine Zeitung kommentierte einen Rechtsstreit mit der Überschrift »Herr K. fechtet Urteil an«.

Sagen Sie nicht »Was fechtet's mich an?« Denken Sie nadelwäldlerisch: Nicht fechtet's, sondern ficht's!

Eisleberfleck

Gibt es einen Jenenser Fußballer? Nein. Aber es gibt einen Jenaer Fußballer. Kann man sagen »Herr Otto Schulze ist ein Jenaer?« Nein. Richtig dagegen »Herr Otto Schulze ist Jenenser.« Es kommt darauf an, ob der Jenenser im Satz für sich allein steht oder ob ich ihm ein hauptwörtliches Attribut hinzufüge: der Jenaer Professor, der Jenaer Optiker, die Jenaer Tante, das Jenaer Planetarium.

Man hat ja mitunter allerhand Hudelei mit Städtenamen.

Spätestens seit Gustav Wustmanns »Allerhand Sprach-
dummheiten« (1896) streiten sich Gelehrte und Laien
erbittert uund unversöhnlich auf dem weiten Feld der Kon-
tinente-Länder-und-Kommunen-Beugung.

Was speziell die Flexion der Städtenamen betrifft, so
wettert Wustmann: »Unsinn liegt in Bildung wie Emdener,
Zweibrückener, Eislebener ... In den genannten Orten
selbst, wo man wohl am besten Bescheid wissen muß,
kennt man nur Emder, Zweibrücker, Eisleber wie ander-
wärts Bremer, Kempter, Gießer ...«

Mir leuchten Wustmanns Argumente manchmal ein,
obwohl ich beim Eisleber Bürgermeister immer ein Stadt-
oberhaupt mit vereister Leber und bei Gießern an guß-
eiserne Handwerker denken muß. Auch Wustmanns Ver-
teufelung der Hallenser und der Weimaraner und sein
Plädoyer für Haller und Weimarer paßt nicht hunderpro-
zentig in mein urbanes Sprachbild. Doch ein anderes
Dilemma treibt mich mehr um.

Ein Wittenberger Einwohner – siedelt er in Wittenberg
oder in Wittenberge? Das Mittenwalder Rathaus – ist sein
Standort in 82481 Mittenwald oder in 15749 Mittenwal-
de?

Hier besteht dringender Klärungsbedarf. Der Bundestag
sollte diesen Problemen endlich eine Sondersitzung wid-
men – zur höchstoffiziellen Festlegung von Städte-Flexio-
nen.

Ganz und gar

Karlfriedrich rief an. »Laß uns wandern gehen, das Wetter ist ganz gut.«

»Wieso GANZ? Es ist prächtig, also mindestens sehr gut«, erwiderte Eduard.

»Sagte ich etwas anderes? Ganz, das ist doch die höchte Steigerung. Ganz vorzüglich, ganz ausgezeichnet, ganz einmalig, ganz hervorragend.«

»Ich gebe zu, deine Beispielsammlung verblüfft. Nur leider hat sie eine Merkwürdigkeit im Deutschen übersehen. Der Sinn des Wörtleins GANZ ist janusköpfig, es hat einerseits vermindernden Charakter, andererseits steigernde Wirkung.«

»Das eine wie das andere?« fragte Karlfriedrich besorgt.

»Zum Glück nicht. Es gilt die Faustregel: Substantiell weniger wichtige Eigenschaftswörter werden durch GANZ qualitativ vermindert: ganz gut, ganz hübsch, ganz ordentlich. Wogegen dem Sinn nach superlativische Adjektive bei Hinzufügung von GANZ Wertsteigerung erfahren: ganz phantastisch, ganz enorm, ganz phänomenal.«

Karlfriedrich fiel Eduard ins Wort: »Verstehe, fürs praktische Leben jedenfalls empfiehlt es sich, seinen Chef ganz großartig und den Partner ganz entzückend zu finden. Ein ganz annehmbarer Chef oder ein ganz netter Partner sind mit solchem Urteil bestimmt nicht zufrieden.«

»Ganz toll, wie du mir folgen kannst«, meinte Eduard.

»Ganz und gar! Kein Wunder bei dieser ganz exzellenten Lektion.«

Auf dem An-Trip

Als ich noch (frei nach Erich Kästner) ein kleiner vogt-ländischer Junge war, ahnte ich nichts von einer Sprache, die mir später in westlichen Gefilden Deutschlands norma-tiv nicht nur eingetrichtert, sondern fast selbstverständlich erschien.

Gewiß: Einschulung war seinerzeit noch überall im Vaterland Einschulung, und nur ein bescheidenes Häuflein Erwachsener, geschweige denn ABC-Schützen, artikulier-ten AN EINSCHULUNG und AN SCHULBEGINN.

Längst ist halb Deutschland auf dem AN-TRIP: Aus Ostern wurde AN OSTERN, aus Pfingsten AN PFINGSTEN, aus Weihnachten AN WEIHNACHTEN und aus Silvester AN SIL-VESTER.

Halt! ruft hier der Sprachkundige. Der Gebrauch der Präpositionen im Zusammenhang mit Festtagen ist regio-nal unterschiedlich. AN und ZU – beides ist erlaubt, AN eher süddeutsch gefärbt (wie auch der den SONNABEND verdrän-gende SAMSTAG), ZU findet im mittel- und norddeutschen Raum Verwendung.

Halt! rufe ich, versuchen Sie es mal mit einer standard-sprachlich richtigen und überzeugenden Lösung. Verschen-ken Sie zukünftig weder ZU noch AN Ostern einen Schoko-ladenosterhasen – und schon gar nicht AUF Weihnachten: Stellen Sie einfach in Aussicht, Ostern etwas zu schenken, Weihnachten auf Besuch zu kommen und Silvester mit Ihren Freunden zu feiern.

Kinderei

»Schon als Kind«, so beschrieb Franziska neulich historisches Ärgernis, »hat mich Helmutferdinand immer verprügelt!«

»Wer«, unterbrach ich Franziska skeptisch, »war denn nun das Kind – du oder Helmutferdinand?«

»Wir beide natürlich«, entgegnete Franziska unwirsch, »ich habe mich ja wohl klar ausgedrückt!«

»Hast du eben nicht!« korrigierte ich Franziska. »Du hättest, um keine Zweifel aufkommen zu lassen, besser sagen sollen: ›Schon während unserer Kindheit hat mich Helmutferdinand ...‹«

»Kleinlich!« nörgelte Franziska.

»In dem von dir formulierten Satz«, widersprach ich hartnäckig, »könnte Helmutferdinand zur Tatzeit selber Kind, aber auch ein Erwachsener, vielleicht dein Onkel, gewesen sein, zumal nicht exakt zum Ausdruck kommt, ob vom verprügelten Kind Franziska oder von einem Attentäter-Kind die Rede ist!«

»Kindisch!« kappte Franziska das Gespräch.

Vielleicht bin ich wirklich zu pingelig. Aber auf die Gefahr hin, daß Sie mich verprügeln, sage ich: Will man das Prügelkind nicht mit dem Bade ausschütten, muß man als Vergangenheits-Berichterstatter grundsätzlich das Kind beim Namen nennen: Helmutferdinand oder Franziska oder Müller oder was?

Unterhaltungsniederlage

Früher bezeichnete man eine Niederlassung mit Vorzug als Niederlage. Für Komiker war dieses Wort ein ebenso gefundenes Fressen wie etwa der Bierverlag, von dem jeder vernünftige Mensch sowie Biertrinker wußte, daß es sich nicht um eine Institution handelte, die sich mit der Herstellung und Herausgabe populärer Hopfen-und-Malz-Literatur beschäftigte. Vermutlich kann uns kein Bierexperte zwischen Bierut und Biermingham erklären, warum Wortbildner des 19. Jahrhunderts für Filiale und Vertrieb als Alternative Niederlage und Verlag anboten.

Aber grübeln wir nicht, sondern fragen wir uns lieber: Was eigentlich hat man an der Schwelle des dritten Jahrtausends unter AUTOBAHNUNTERHALTUNG zu verstehen? Den mit Pop-Musik gewürzten Polizeifunk? Freiluftauftritte von Rockbands unter Autobahnbrücken? Helikopter-Loopings zur Aufheiterung stauverdrossener immobiler Automobilisten? Nun, es gibt eben immer wieder konservative Vokabuleure, die sich nicht dazu durchringen können, Autobahnunterhaltung aus dem Verkehr zu ziehen und grünes Licht zu geben für die Autobahninstandhaltung.

Krumme Tour

Auch der Tourismus ist nicht mehr, was er mal war. Früher ließ er sich leicht definieren: Tourismus = Gesamtheit des Fremdenverkehrs, besonders in Form von Ferienreisen. Wenn heutzutage von Tourismus die Rede ist, muß exakt spezifiziert werden: Waffen- und Kriegsgerät-Tourismus, Katastrophen-Tourismus, Sex-Tourismus, Schlachtvieh-Touris-mus, Bombenattentats-Tourismus, Spermatozoen-Tourismus, Plutonium-Tourismus, Giftmüll-Tourismus, Organtransplantate-Tourismus, Asylanten-Tourismus, Dünen-Tourismus, Ikonen-Tourismus, Seuchen-Tourismus, Scientology-Tourismus, Planeten-Tourismus, Koralleninsel-Tourismus, Geld- und Kredit-Tourismus, Schlagwort-Tourismus ... alles eben, was, oft mehr illegal als legal, auf die Reise geschickt, weltweit in Umlauf gebracht, besichtigt und verschoben wird.

Nachdem ich neulich eine Schellfischgräte verschluckt hatte, tröstete mich der Arzt: »Keine Angst! Fremdkörper-Tourismus via Speiseröhre, Magen und Darmausgang nimmt meistens ein gutes Ende. Ihrem geplanten Traumschiff-Tourismus steht nichts im Wege!«

Die zue Tür

In meinem heimatlichen Vogtland wird die ZUE TÜR genauso wenig beanstandet wie das in Berlin nicht nur scherzhaft artikulierte ABBE BEIN. Aber bleiben wir beim ZU. Wann ist die Tür zu? Wann geschlossen?

Klar: »Tür schließen, es zieht!« sagt kein vernünftiger Mensch. »Tür zu – es zieht!«

Aber ist es nun wirklich schlimm, wenn wir an der Tür

des Fleischerladens lesen: »Ab 18 Uhr zu!« Werner Finck hat im Kabarett »Katakombe« vor sechzig Jahren wortgespielt: »Gestern war geschlossen, heute sind wir offen. Wenn wir heute offen sind, sind wir morgen wieder zu.«

Viele versuchen dem Dilemma GESCHLOSSEN oder ZU auszuweichen, indem sie nicht mehr sagen AB UND ZU, sondern AB UND AN. Und grundsätzlich haben die Spree- und Havelländer Kartoffeln oder Kohlen im Keller liegen, nicht ZU liegen.

Aber zurück zu AUF-OFFEN-GEÖFFNET und ZU-GESCHLOSSEN. Umgangsprachlich ist das Fenster AUF. Standardsprachlich ist es OFFEN. Und genauso ist es beim Laden, der umgangssprachlich ZU hat, standardsprachlich aber GESCHLOSSEN ist.

Oder denken Sie nun betroffen: der Vorhang geschlossen und alle Fragen auf.

Noch einmal

Es gibt Dachrinnen und Spurrinnen und Autorinnen. Pardon. Rein gar nichts ist gegen das weibliche Pendant zum Autor einzuwenden. Doch mein Unmut hinsichtlich der krampfhaften Versuche, alle Personen und Berufe ausnahmslos geschlechtsspezifisch erfassen zu wollen, läßt mich noch einmal auf dieses Thema kommen. Werden vulgär-emanzipatorisch demnächst womöglich Pärchen wie HENKER-HENKERIN, KURIER-KURIERIN, RABAUKE-RABAUKIN, CLOWN-CLOWNIN, ENGEL-ENGELIN, STEINMETZ-STEINMETZIN ins Deutschvokabular eingeschmuggelt?

Ergebnis-los

Ein ERGEBNIS ist im Verständnis des Ex-Bundeskanzlers Helmut Kohl, was unten rauskommt. Was aber ist, von Helmut Kohl mal abgesehen, ein Nicht-Ergebnis?

ERGEBNIS ist ein ominöses Ding. Man kann über die Verwendung des Wortes lange nachdenken. Ohne Ergebnis. OHNE ERGEBNIS? Verflixt.

Da gibt es also, wie Zeitungen, Radio und Fernsehen zu entnehmen war, Verhandlungen, Gespräche, Diskussionen ohne angebliches Ergebnis. Ein höchst mysteriöses, nebuloses Ereignis: ein Ereignis ohne Ergebnis.

Gibt es das in der realen Welt tatsächlich: eine Fahndung, einen Schlichtungsversuch, ein Fußballspiel ohne Ergebnis? Die Fußballer halten 0:0 durchaus für ein Ergebnis.

Hier haben wir es offensichtlich mit einem semantischen Mißverständnis zu tun. Statt ERGEBNIS sind de facto nämlich etwa BESCHLUSS, VEREINBARUNG oder ERFOLG gemeint, denn KEIN ERGEBNIS gibt es nirgends: nicht einmal bei einem Fußballspiel (auch ABGEBROCHEN ist ein Ergebnis), nicht beim Examen, nicht bei einem Banküberfall. Sogar jede Parlamentsdebatte hat ein Ergebnis. Fragt sich nur, was für eins.

Ein Ergebnis jedenfalls gibt es allemal. Oder ein Resultat. Oder ein Fazit. Oder ein Resümee. Oder einen Endeffekt. Denn alles hat ein Ende, nur die Wurst hat zwei.

Die Fälle schwimmen davon

Schilder-Kröten

Ich habe kein schlechtes Gewissen, wenn ich in eine Straße hineinfahre, deren Fahrverbotsschild mit dem Hinweis AUSSER BUSSE versehen ist. In der Tat bin ich Nutznießer eines Sprachregelverstoßes.

Die Verfasser dieser und ähnlich törichter Verkehrsschild-Formulierungen sollten allesamt zu einer Deutschlektion verurteilt werden, die alte Schulweisheit wiederbelebt, nämlich: AUSSER BUSSE, AUSSER KRANKENFAHRZEUGE, AUSSER FAHRRÄDER, AUSSER FUSSGÄNGER – alles falsch, weil die Präposition AUSSER nach dem Dativ lechzt. Sogar verkehrspolizeilich. Wenn sich hartnäckige Sprach- und Schreibsünder jedoch partout nicht bewegen lassen, endlich AUSSER BUSSEN, AUSSER KRANKENFAHRZEUGEN, AUSSER FAHRRÄDERN und AUSSER FUSSGÄNGERN auf die Verkehrsschilder zu pinseln, biete ich einen Kompromiß an, der traditionelle Falschformulierungen durch Einfügung des Wörtchens für tilgt: AUSSER FÜR BUSSE, AUSSER FÜR KRANKENFAHRZEUGE, AUSSER FÜR FAHRRÄDER, AUSSER FÜR FUSSGÄNGER. Man sieht: Es stehen zur Korrektur zwei Möglichkeiten im Verkehrssprachbereich zur Verfügung – außer Sturköpfe.

Genitiv oder Genitives?

Das Zeitungsfoto des Musikers entstand, wie die Bildunterschrift verrät, »während eines Konzertes«. Konzertes? Gelegentlich des gestrigen Abendbrotes ging es mir durch den Kopf: Ist der verlängerte Genitiv (Konzertes oder Konzerts) nicht eigentlich des Wahnsinnes kesse Beute? Sollen wir beim Arzneiempfang eines Rezeptes bedürfen? Oder des Stadtparkes gepflegten Rasen durch Wegwerfen irgendwelchen Schmutzpapieres verunzieren? Nie und nimmer! Derartige Genitive klingen tatsächlich bescheuert: des Schulhortes, des Totschlages, des Raubmordes, des Jammertales oder des Kammertones. Apropos Ton! Goethe tönte wohlklingend: »Ich bin des trocknen Tons nun satt!« Eines weiteren Zitates oder Kommentares bedarf's wohl nicht.

Trotzkistisches

»Trotz Konflikte kam es zu einem Kompromiß«, »Wegen Vorwürfe aus den eigenen Reihen trat der Minister zurück«. Richtig oder falsch? Scheinbar sind beide Sätze, obwohl sie seltsam klingen, korrekt, denn TROTZ und WEGEN erheischen den Genitiv, und die Mehrzahl der Wörter Konflikt und Vorwurf wird bekanntlich so dekliniert: Konflikte/Vorwürfe (Nominativ), Konflikte/Vorwürfe (Genitiv), Konflikten/Vorwürfen (Dativ) und Konflikte/Vorwürfe (Akkusativ). Und damit sind wir dem Elend beider Beispielsätze oben auf der Spur: Nominativ, Genitiv und Akkusativ sind gleich, und deshalb verkümmert der Genitiv im Deklinationsnebel. Was also tun zur Verdeutlichung des Genitivs? Ein Attribut muß her: »Trotz gewisser Konflikte« oder »Wegen massiver Vorwürfe« – das ist richtig und klangvoll dazu. Und wenn wir keine Hinzufügungen wünschen? Dann müssen wir auf den Dativ ausweichen: »Trotz Konflikten« oder »Wegen Vorwürfen«. Mit trotzigen Grüßen!

Ohne Kommentaren

Falsche Singular-Genitive, -Dative und -Akkusative bei den aus dem Lateinischen übernommenen -OR-Wörtern (Autor, Professor, Motor, Sponsor, Kantor, Senator, Doktor, Diktator usw.) habe ich massiv und oft angeprangert. Nur noch einmal für Sieb-Gedächtnisse: Alle diese Wörter sind im Nominativ, Dativ und Akkusativ des Singulars gleich und ungebeugt. Nur im Genitiv ist ein s-Schwänzchen vonnöten (des Autors, des Professors, des Motors, des Doktors). Es gibt also weder den Senatoren noch den finanziellen Zuschuß des Sponsoren, noch ist die Qualität des Chors dem Kantoren zu danken. Es schmeichelt mir nicht besonders, wenn man mich als hervorragenden Kinderbuch-Autoren preist und (soweit kommt's noch!) meinen Humoren rühmt.

Nun aber ist ein neues Deklinations-Mißverständnis unaufhaltsam auf dem Vormarsch. Anläßlich des 60. Geburtstages eines ruhmreichen Sängers las ich in einer Zeitung die Bildunterschrift: »Mehr als 70 Konzerte stehen auf dem Terminkalender des bekannten Jubilaren.«

Die Deklinationssünden bei -OR-Wörtern werden nun also (und leider zunehmend) auch auf -AR-Wörter (wie Notar, Referendar, Vikar, Justitiar, Kommissar usw.) ausgedehnt.

Soll ich dazu noch einen Kommentaren beisteuern? Nicht mal für einen Dollaren!

Chefkritik

Man hat uns schon in der Schule gelehrt, daß natürliches und grammatisches Geschlecht nicht immer übereinstimmen. Weder tatsächliche, lebendige Wesen noch mythologische Kreaturen (Berge, Flüsse und Gestirne eingeschlossen) sind grammatisch geschlechtskorrekt. So und nicht anders ist es festgelegt: Der Harz, die Eifel, der Taunus, die Rhön, der Lech, die Donau, der Neckar, die Elbe, die Sonne, der Mond. Mächtige Tiere sind meist männlich: der Tiger, der Elefant, der Bär. Aber: die Hyäne. Warum der Käfer männlich, die Spinne jedoch weiblich ist, wissen weder Götter noch Entomologen. Wirklich verzwickt wird die Sache des Umgangs mit dem grammatischen und dem natürlichen Geschlecht indessen, wenn beispielsweise ein Mädchen von einem Mannsbild fasziniert ist. Wir könnten dann (grammatisch korrekt) einen Satz wie diesen bilden. »Das Mädchen war verknallt in dieses Mannsbild. Es versuchte, es für sich zu gewinnen.« Mir ist freilich der Einsatz von Fürwörtern, die sich aufs natürliche Geschlecht beziehen, lieber. »Das Mädchen war verknallt in dieses Mannsbild. Sie versuchte, ihn für sich zu gewinnen!« Oder nehmen wir das vernichtende Urteil über einen (männlichen) Chef: »Diese impertinente Person! Sie ist mir ein Greuel!« Hier wäre mir »Er ist ein Greuel!« lieber. Aber sagen Sie's bitte nicht zu laut!

Was lernt uns das?

In einer Zeitungsanzeige formulierte ein Lernbegieriger sein Anliegen mit den Worten: »Wer lernt mir ungarisch?« So löblich sein Vorhaben, so peinlich, aber nicht selten sein muttersprachliches Bildungsdefizit.

»Meine Mutter hat mir das Essen mit Messer und Gabel gelernt ...«, »Was, Freunde, lernt uns das Beispiel?«, »Mir hat der Einbrecher das Fürchten gelernt!«

Manchmal hat man den Eindruck, daß angesichts massenhafter Verwechslung von Lehren und Lernen der Lehrer allmählich vom Lerner verdrängt wird und der Lehrter zum Lernter Bahnhof avanciert. Aber sogar fest und treu unterscheidungswillige Bürger halten in großer Anzahl an dem Irrtum fest, das Lehren erzwinge den Dativ. Nun ist zwar: Wer lehrt mir ungarisch? ein Molekül richtiger als: Wer lernt mir ungarisch? – aber einwandfrei ist eben nur: Wer lehrt mich ungarisch? Nicht wenige Menschen laufen in die mir-mich-Verwechslungsfalle, ganz so, als beherzigten Sie den Spruch: Mir und mich verwechsle ich nicht, das kommt bei mich nicht vor. Neulich sagte die Ärztin, man habe sie gekündigt. Hoppla! Leider gibt es für grammatisch fehlerhafte Kündigen keinen Kündigungsschutz. Die Vertracktheit beim Umgang mit der Kündigung ist deren sogenannte Bikausalität.

Merke: Bezogen auf Sachen verlangt KÜNDIGEN den Akkusativ, bezogen auf Personen den Dativ.

Beispiel: »Der Geschäftsführer hat dem (Dativ) Buchhalter den (Akkusativ) Vertrag gekündigt!« Wegen dieser Belehrung (nicht: Belernung) hingegen sollte man mir keineswegs die Freundschaft kündigen.

Von wegen und von Irrwegen

Ich gedenke nicht mich zu wundern aufzuhören, daß die grammatisch korrekte Liaison des Tätigkeitsworts GEDENKEN mit dem Genitiv sogar von seriösen Zeitungen und Rundfunkanstalten ignoriert wird.

Die indiskutablen Genitivreihungen – der Vorsitzende des Komitees des Rundfunks des Landes etc. –, lassen mich nicht von meiner Auffassung abrücken, daß der Einsatz des Genitivs (wie eben auch des Konjunktivs) zur Regelwürdigkeit und Schönheit der Sprache beiträgt.

Erst neulich las ich in einem Hauptstadtblatt die Bildunterschrift: »Der Bezirk Glienicke gedachte dem Maueropfer Michael B.«

Bei derartigen Nachrichten gedenke ich still der drukkerschwarzen Opfer der Sprachschludrigkeit.

Übrigens zeugt es nicht umgekehrt von Sprachbildung, wenn die Meteorologin im Frühstücksfernsehn ihre Wetteransage mit dem Hinweis veranschaulicht: »Entgegen des Uhrzeigersinns.« Sie hätte dem dritten Fall eine Chance geben sollen.

Hoch im Kurs steht der Dativ – bei 71,8 Prozent der Deutschen und bei 99, 9 Prozent der Seifenopern-Drehbuchschreiber – vor allem dann, wenn die Präposition WEGEN ins Spiel kommt. Sie ersetzen mit der Dativ-Krükke WEGEN DIR/ MIR /IHR das sprachlich schöne und richtige MEINET-/ DEINET-/ IHRETWEGEN.

Ich kenne (leider viele) Leute, die mein Wehklagen wegen des fortschreitenden Genitiv-Verfalls lächerlich finden und behaupten, der Verlust des Genitivs sei kein Unglück. Von wegen!

Das Christikind

Ich las: »Die Ureinwohner hatten die Stadt im 6. Jahrhundert nach Christi gegründet ...« Christi? Hieß Marias Sohn (oder lateinisch dekliniert: der Sohn Mariä) nicht Christus? Aber, wird mancher einwenden, ist es denn nicht korrekt von »Christi Geburt« zu reden? Selbstverständlich ist das korrekt, sofern man sich bewußt bleibt, daß »Christi« (und – siehe oben – »Mariä«) der lateinische Genitiv ist. Wer es also partout mit der Latein-Deklination hält, muß sich schon fürs »6. Jahrhundert nach Christum« entscheiden – oder schlicht und deutsch formulieren »... die Stadt im 6. Jahrhundert nach Christus gegründet«. Will heißen: Im Zweifelsfall ist CHRISTUS allemal weniger bedenklich als ein nicht kasusgerechter CHRISTI, CHRISTUM oder CHRISTO. In diesem christlichen Sinn: Voran mit Christo oder mit Christus. Mit CHRISTI gehen wir jedenfalls deklinatorisch in die Irre.

Geschlechtsverkehrt

Seit Jahresbeginn ist der Benzin teurer geworden. Das stimmt leider faktisch, nicht aber fürwörtlich. Laxheit hin, Schludrigkeit her. An der Sächlichkeit des Benzins sollte festgehalten werden. Korrekt sind nur das Benzin, das Petroleum, das Terpentin. Aber das Beton und das Thermostat? Sie müssen nicht nachschlagen. Das Beton und das Thermostat sind falsch. In beiden Fällen ist der männliche Artikel gefragt. Der, die, das – mitunter Glückssache, meistens aber durchaus zu bändigende grammatische Dreifaltigkeit, zumal es Substantive gibt, die uns Artikel-Alternative gewähren: der Meter oder das Meter, die Krem oder

der Krem, der Abscheu oder die Abscheu. Bei der Fürwort-Geschlechtsbestimmung läßt sich mancher vom Sprachgefühl täuschen. Aber die Krake ist falsch, es heißt der Krake, und auch die Gischt gilt als weniger dudenfest denn der Gischt. Apropos Gischt! Wußten Sie schon, daß es den russischen Zischlaut schtsch nur bei einem einzigen deutschen Kompositum gibt? Es lautet Gischtschaum. Ein Glück, daß wir den nur selten aussprechen müssen.

Ehrenrheinfall

Mit den Fällen ist das so ein besonderer Fall. Bekanntlich unterscheidet sich der weibliche Genitiv nicht vom weiblichen Dativ. Die solcher Sachlage innewohnende Tücke wird von vielen Journalisten unterschätzt, und dann kommt beispielsweise bei Formulierung einer Nachricht zu einem Wahlauftritt des FDP-Ex-Außenministers Genscher folgende Wendung zustande: »... sagte der Ehrenvorsitzende der Rheinzeitung«. Wir erfahren also, daß Genscher Ehrenvorsitzender der Rheinzeitung ist. Hätte Genscher einem »männlichen« Blatt Rede und Antwort gestanden (etwa: »... sagte der Ehrenvorsitzende dem Tagesspiegel«), wäre jegliche Schieflage vermeidbar gewesen. Aber auch mit der Rheinzeitung müssen wir Genscher nicht unbedingt grammatisch kollidieren lassen: »Der Rheinzeitung sagte der Ehrenvorsitzende« oder »... sagte der Ehrenvorsitzende dem Reporter der Rheinzeitung« oder (am besten) »... sagte Ehrenvorsitzender Genscher der Rheinzeitung«. Man sieht mal wieder: Es geht so. Oder so. Drittens auch so. Aber nicht so.

Unbeschadstoffe

Hans-Eberhard erzählt: »Bei diesem fürchterlichen Autounfall erlitt mein Daihatsu zwar Totalschaden, aber Renate und ich blieben unbeschadet!«

»Du solltest sagen, Hans-Eberhard«, kommentiere ich sarkastisch, »ihr beide seid also vermöge sowie hinsichtlich, kraft, behufs, gemäß, infolge und statt davongekommen!«

»Was soll der Blödsinn«, raunzt Hans-Eberhard, »habe ich mich falsch ausgedrückt? Gefällt dir, dem größten Wortimmundumdreher aller Zeiten, etwa nicht, daß wir unbeschadet überlebten?«

»Es gefällt mir schon, Hans-Eberhard, daß Renate und du keinen Schaden genommen haben, aber unbeschadet dieser glücklichen Fügung solltest du unbeschadet und unbeschädigt nicht in einen Topf werfen!«

»Unbeschadet, unbeschädigt – das kommt doch aufs gleiche hinaus«, nörgelt Hans-Eberhard.

»Nein, nein und nochmals nein«, widerspreche ich energisch. »Unbeschadet ist ein Verhältniswort, eine Präposition, wogegen unbeschädigt eigenschaftswörtlich funktioniert.«

»Unbeschadet dieser nützlichen Lektion«, seufzt Hans-Eberhard, »solltest du mit deinen aufdringlichen Belehrungen etwas zurückhaltender sein. Sonst provozierst du meine Aggressionsgelüste. Und ich glaube nicht, daß du einen Zweikampf mit mir unbeschädigt überstehst!«

Unbeschadet aller Genitiv-Tücken ist zu beachten, daß »unbeschadet« nichts anderes ist als eben eine Präposition. Das entsprechende Eigenschafts- oder Mittelwort heißt unbeschädigt. Beim Umgang mit Verhältniswörtern geht selbst manchem Sprachexperten die Puste aus. Namentlich seltene oder veraltete Präpositionen – besonders solche, die mit dem Genitiv verbunden werden – verursachen Sprach- und Schreibprobleme. Beispielsweise: wegen, angesichts, gemäß, unbeschadet, kraft, laut, trotz, dank, willen, statt. Wer »um Gottes Willen« schreibt, hat ins falsche Wortfach gegriffen. Richtig ist die Schreibung »um Gottes willen«, denn bei dieser Wendung geht es nicht um den Willen Gottes, sondern gewissermaßen »wegen« Gott geschieht hier dies oder das oder auch nicht.

Mit und ohne dem

Drei Zeitungssätze: »Er lebte während und nach dem Krieg in München«, »Oberhalb und neben dem Portal hatten sich Schwalben und Finken eingenistet«, »Manchmal ging er mit, gelegentlich auch ohne seine Freundin in die Disko«.

Alle drei Sätze haben eine Macke, weil der von den Verhältniswörtern (Präpositionen) geforderte Fall (Genitiv, Dativ oder Akkusativ) unterschlagen oder mißachtet worden ist. Nun wäre es pedantisch, die drei verschrobenen Sätze mittels Satzverlängerung zu reparieren. Etwa so: »Er lebte während des Krieges und nach dem Krieg in München«, »Oberhalb des Portals und neben dem Portal hatten sich Schwalben und Finken eingenistet« und »Manchmal ging er mit seiner Freundin, gelegentlich auch ohne seine Freundin in die Disko«. Salomo empfiehlt kürzere berichtigte Sätze: »Er lebte während des Krieges und danach in München«, »Oberhalb des Portals und daneben hatten sich Schwalben und Finken eingenistet« und »Manchmal ging er mit seiner Freundin, gelegentlich auch ohne sie in die Disko«. Das alles hätten Sie auch ohne dem richtig gemacht?

169

Wegen mir!

Der Duden meint es gut mit den Trotz- und Wegen-Sündern. Mit zugedrückten Augen gestattet er ihnen beispielsweise »Er hat sie wegen ihrem Geld geheiratet« oder »Wegen dir habe ich mich mit meiner ganzen Familie verkracht!« zu formulieren. Nun sind Duden-Barmherzigkeit und sprachliche Eleganz freilich zweierlei. Die oben genannten Beispiele lauten in gutes Deutsch übersetzt: »Er hat sie ihres Geldes wegen geheiratet« und »Deinetwegen habe ich mich mit meiner ganzen Familie verkracht!« Man muß, behaupte ich, nicht altmodisch sein, wenn man wegen und trotz konsequent mit dem zweiten Fall verbindet. Allerdings sollte es der tatsächliche Genitiv sein und nicht ein selbstgemachter Halb-und-Halb-Kasus. WEGEN MEINER und VON MIR AUS sind allemal hölzerner als MEINETWEGEN. Auf dem in vielen dörflichen Gemeinden aufgetauchten Verkehrssicherheits-Plakat, mahnend zu 30-kmh-Ortsdurchfahrten, sind spielende Kinder mit dem Appell aufgedruckt: wegen uns! Mir wäre die Formulierung nehmt Rücksicht auf uns oder uns zuliebe lieber.

Gewurschtel

Obwohl bei den nun ins Gespräch kommenden Wendungen meines Wissens und nach meinem Empfinden und überhaupt die Entscheidung zugunsten sowohl der Dativ- als auch der Genitiv-Variante zu sprachlich völlig korrektem Ergebnis führt, bedient sich die Mehrheit des sprechenden Volkes tagtäglich einer Dativ-Genitiv-Verwurschtelung und damit einer Falschbildung.

Wenn Sie Sätze bilden wie »Meines Wissens nach liegt

der Brocken im Harz« und »Meines Erachtens nach ist es mühselig, ihn zu besteigen« haben Sie schwer im Magen liegende Sprachbrocken produziert.

Ich stimme Ihren Aussagen zu. Auch MEINER MEINUNG NACH liegt der Brocken im Harz und ist MEINEM GEFÜHL NACH eine Herausforderung für jeden Wanderer. Doch möchte ich Ihnen auf den Wanderweg mitgeben, daß das den Dativ verlangende NACH in Ihrer Genitivkonstruktion etwa so fehl am Platz ist wie eine Harzer Kuh auf dem Eis.

Fall gegen Fall

Muß der Genitiv umgangssprachlich allzuoft dem Dativ weichen, ist die Existenz des Dativs keineswegs unbedroht.

Ich behaupte: Faul-Sprecher greifen gern zu Nominativ und Akkusativ, Feinsprecher laufen in die Dativ-Genitiv-Verwechslungsfalle.

Das beginnt beim beliebten EIS MIT FRÜCHTE, setzt sich beim Minister fort, der sich MIT DEM PRÄSIDENT trifft, und hört auch dann noch nicht auf, wenn man uns ZUM IDIOT GEMACHT hat.

»Das kann ich Sie sagen!«, »Deutsch habe ich bei Herr Meyer«, »Ich lasse mich das Geschenk etwas kosten«, »Zur Pause halte ich mich auf den Schulhof auf«, »Außer Kühe und Kälber«, »Das falsche Ergebnis liegt an den Computer«, »Dank des Sowjetsoldaten«, »Wasch dich die Hände!«

Möchte man da nicht ausrufen: Rettet dem Dativ! Oder sich mit den Berlinern verbünden. Denn bekanntlich sagt der Berliner immer MIR, selbst wenn es richtig ist.

Wechselhaft

»Amerika, du hast es besser!« schwelgte der alte Weimarer. Undenkbar, daß er die überlebenden Indianer oder gar visionär George Doubleyou gemeint haben könnte.

Ich tippe mehr auf die englische Sprache, die schon seinerzeit in Teilen Nordamerikas Amtssprache war. Diese Sprache machte es ihren Nutzern leichter als die deutsche mit ihren drei Geschlechtern und vier Fällen, zumal es Wörter gab (und gibt), die in zwei bis drei Geschlechtigkeiten vorkommen: Der Mast und die Mast, der Krem, das Krem und die Creme, der Junge, die Junge, das Gehalt, der Gehalt, der Bund, das Bund, der Ekel, das Ekel, der Tor, das Tor, der Hut, die Hut, der Moment, das Moment, das Mark, die Mark, der Taube, die Taube, der Kiefer, die Kiefer, der Stift, das Stift, der Laster, das Laster, der Blei, die Blei usw. usw. Auf einem anderen, zumeist regionalen Blatt stehen die zulässigen Doppelungen wie bei DAS und DER Prospekt oder DAS und DER Mus.

Trotz Zwei- und Dreigeschlechtigkeit kommen die Deutschen mit der Sprache ganz gut zurecht. Niemand sage, die Deutschlehrer hätten kein Verdienst daran. Und niemand mißgönne ihnen ihren Verdienst!

Wo und wohin?

»Diholter, dipolter, wer stapft durch den Tann ...« Der Weihnachtsmann. Und wenn er angekommen ist, klopft er AN DIE TÜR. Oder klopft er AN DER TÜR?

Sie wissen selbstverständlich, auf die Frage, WO klopft es, ist die Dativangabe richtig; auf die Frage WOHIN (wogegen) wird geklopft die Akkusativangabe. Also ist beides richtig. Dennoch gibt es eine Nuance. Wenn Ihnen der Weihnachtsmann wichtiger ist als die Tür, was ich vermute, dann lassen Sie ihn AN DER TÜR klopfen.

Ob Sie IHN oder IHM vors Schienbein treten – wie Sie wollen.

»Da biß der Hund ihn in das Bein, recht tief, bis in das Blut hinein.« Hätte er IHM in das Bein gebissen, wäre es genauso unangenehm wie korrekt.

Die sowohl-als-auch-Variante ist jedoch mit größter Vorsicht bei unpersönlichen Dingen zu behandeln. »Der Hut flog MIR (nicht mich) vom Kopfe«, »Die Sonne stach ihm (nicht ihn) in die Augen«.

Und noch eine Dativ-Akkusativ-Streicheleinheit. »Sie streichelt mich und streichelt mir den Kopf«, »Er küßte mich, er küßte mir die Hand«. Die Person steht im Dativ, der Körperteil im Akkusativ. Wer das nicht beachtet, liegt mit seiner Gefühlszuwendung zumindest sprachlich schief.

Der, die, das

Spätestens seit der Sesamstraße weiß es sogar der Dümmste: es gibt im Deutschen vier Fälle und drei Geschlechter (Kasus und Genus). Fallsüchtig, wie die Deutschen nun mal sind, achten Sie auf Nominativ, Genitiv, Dativ und Akkusativ und wissen zwischen Maskulinum, Femininum und Neutrum zu unterscheiden.

Immer? Nun, Gott geb's, immer öfter.

Genaugenommen ist also EINES NACHTS eine deutsche Fallsünde, denn die Nacht ist schließlich weiblich, und man müßte demnach von EINER NACHT reden.

Aber keine Angst: In unserem nächtlichen Beispiel handelt es sich um eine Analogie, und deshalb spricht man ganz allgemein von einem Ereignis, das *nicht* etwa des Tages und der Nacht (deutlicher: des Tages und des Nachts) stattfindet.

Ähnlich verhält es sich mit gemischtgeschlechtlichen Redewendungen wie MIT MANN UND MAUS oder NICHT FISCH NOCH FLEISCH.

Wenn Sie meinen, grammatische Regeln haben HAND UND FUSS, liegen Sie richtig.

Gegenreformation

Rau(h)e Sitten

Das Känguruh ist zum Känguru verkümmert. Die Alb, früher rauh, reduziert sich auf rau. Schön und gut. Aber wo bleibt die Konsequenz? Sollten wir uns nicht auch an Milchku und Handschu gewöhnen? Und warum H-Tilgung nicht auch bei Borstenvie, Hirschgewei, Kostümverlei, Haferstro, Wasserflo und schadenfro?

Teeei

Vieles, allzu vieles an der Rechtschreibreform verdient gelbe und rote Karten. Die Reformer-Devise »Im Zweifelsfall Großschreibung« (es tut mir Leid, Du hast Recht) zum Beispiel oder gewisse alberne Verumlautungen (Quäntchen, belämmert, Stängel). Ins Schleudern kamen die Orthographie-Novellisten schon gar bei ihrem Bekenntnis zu Vokal- und Konsonatentriolen. Ich kann mich an Schifffahrt, Baletttänzer, Kammmacher gewöhnen, aber bei bindestrichlosen Selbstlautdreiern wie Seeelefanten, Schneeeulen, Tomolaaalen, Saharaaasgeiern, Zooordnung und gar bei Teeernte, Teeeiern, Kaffeeersatz und Heilsarmeeeinheiten befällt mich gelegentlich Lachmuskelkater. Immerhin: Die Reformer haben sich um unsere Spaßgesellschaft verdient gemacht.

Vom Kuß zum Kuss

Die Reformer: »Folgt einem betonten kurzen Vokal ein stimmloser S-Laut, schreibt man ss« und »Folgt einem betonten langen Vokal oder einem Diphtong (also au, äu, eu und ei) ein stimmloser S-Laut, schreibt man ß«.

In der Praxis wird der Kuß zum Kuss, daß zu dass, der Biß zum Biss, das Faß zum Fass. Weil man freilich die englische Miß nicht normativ deutsch zur Miss machen kann, gäbe es hinsichtlich ihrer Bedeutung bei den Wörtern Mißwahl und Misswirtschaft künftig keine Missverständnisse mehr. Auch könnten wir Rußland nur noch als Synonym für eine verrußte Region begreifen, weil wir das Riesenreich zwischen Bug und Beringmeer regelrecht RUSSLAND schreiben. Missstände allerdings ufern zu einem Wortgebilde aus, dessen Anblick mir Essstörungen verursacht.

Aber gut, die Regel gilt: kurzem Vokal folgt ss und langem ß.

Die eindeutige (?) Regel wurde verfügt, und alle griffen dankbar zu.

Wer Regeln sät, darf mit der Ernte nicht hadern.

In Schulaufsätzen tauchen nun auf: ERKENTNISS und ZEUGNISS, SOZIALISMUSS und AUTOBUSS. Vielleicht sogar der BEWEISS (Beweiß)? Da wird viel MISST verzapft.

Denn ist es nicht eigentlich so, daß nur, wer aus der klassischen Rechtschreibung weiß, wo ein ß stand, schlußfolgern kann, wo nun ss stehen muß?

Mehr noch: Belegen die vielen Strassen, die weissen Blüten, die grossen Namen, die ausserdem und draussen, die uns nun allenthalben begegnen, nicht außerdem und vor allem eine allumfassende Verunsicherung?

MUSS man da nicht LÄSSTERN: Ziel verfehlt!

ESZET

Wie immer ein Gütevergleich der Rechtschreibreformen 1901 und 1998 ausfallen mag: das seltsame, exotisch anmutende ß als Großbuchstabe ist nach wie vor sozusagen buchständlich anwesend. Bei Versalien müssen wir statt eines (nicht vorhandenen) großen ß mit einem doppelten S vorlieb nehmen. Wir haben also weiterhin zu rätseln, ob es sich bei Masse um Masse oder Maße handelt, ob Busse auf Sühne oder auf vielsitzige Straßenfahrzeuge hindeuten oder ob bei Füssen an eine oberbayerische Stadt oder an Gliedmassen (Gliedmaßen) zu denken ist. Hätte ich was zu sagen (aber mich fragt ja keiner), würde ich das großbuchstabige ß mit dem Doppelbuchstaben SZ ins Versalien-Alphabet einrücken. Es wäre dann also zu schreiben: MASZE für Maße, BUSZE für Buße UND MIT HÄNDEN UND FÜSZEN für Füßen.

Großdeutsch

Schnöde Kleinschreibung (auch der Substantive/ Hauptwörter/ Dingwörter) gibt es weltweit. Nur nicht in deutschsprachigen Landen. Die Rechtschreibreform gibt den Großartigen Auftrieb: Es bleibt bei der Groß-und-Kleinschreibung – mit einer zunehmenden Tendenz großgeschriebener Wörter.

So schreibt man künftig: außer Acht lassen, Ade sagen, Ähnliches, im Allgemeinen, am Alten hängen, jemandem Angst und Bange machen, im Argen liegen, Arm und Reich, aufs Äußerste, das Weite suchen, zum Guten wenden, zum Besten geben statt, auf dem Trocknen sitzen, im Dunkeln tappen, im Einzelnen, aufs Neue, des Weiteren, von Weitem, vor Kurzem. Statt HEUTE ABEND heißt es HEUTE ABEND, statt IM GROSSEN UND GANZEN – IM GROSSEN UND GANZEN.

Ich will keinesfalls mein Sprach- und Schreibgewohnheitsrecht einklagen, wenn ich behaupte: Nichts ist damit gewonnen. Früher galt die Regel, in der Regel werden substantivierte Adjektive klein geschrieben, jetzt gilt die Regel, substantivierte Adjektive werden groß geschrieben. Warum der Regelwechsel? Allerdings: Mein Unbehagen, daß die generelle Großschreibung gerade bei redensartlichen Wendungen den Sinn für den übertragenen Sinn trübt, will nicht weichen.

Ganz und gar nicht vorschreiben lasse ich mir, das SCHWARZE BRETT nur noch als SCHWARZES BRETT zu schreiben und ERSTE HILFE statt ERSTE HILFE, denn ich werde auch künftig zu unterscheiden wissen, von welcher Sorte Brett und Hilfe ich spreche (und schreibe).

Und als höflicher Mensch werde ich den gesiezten wie geduzten Briefpartner gleichermaßen mittels Großbuchstaben in der Anrede achten.

Aber was ist damit: Du tust mir Leid. Und er hat Recht. Schwachsinn. Wer ein Adverb meint, sollte sich kein Substantiv (vor)schreiben lassen. Wie wird künftig (im Deutschunterricht beispielsweise) ein Wort korrekt als Adverb definiert, wenn gleichzeitig seine Großschreibung angemahnt wird?

Fazit: Mir tun irregehende oder irre gehende Reformer leid, obwohl sie uns viel Leid angetan haben.

Ävolution

Es liegt mir fern, die RSchR (Rechtschreibreform) in Bausch und Bogen zu verteufeln, aber mindestens die RSchR-Anwälte der A-Ä-Metamorphose haben aus dem angestrebten seriösen Jahrhundert-Regelwerk eine Farce gemacht. Die These der Ävolutionäre: Jegliches A eines Urworts, von dem früher oder später irgendwelche Eigenschafts-, Tätigkeits- und andere Wörter abgeleitet wurden, haben zum Ä zu mutieren. Beispielsweise dürfe die Schenke nun fortan nicht mehr Schenke, sondern müsse als Ausschank-Derivat Schänke heißen. Diese krause Philosophie hat uns nun wieder ins neunzehnte Jahrhundert zurückgeworfen. Zu Bismarcks Zeiten gab es nur Schänken. Doch die Reformer zu Beginn des zwanzigsten Jahrhunderts mochten nicht einsehen, daß wer A sagt auch Ä sagen müsse, und wir Zecher haben uns fast hundert Jahre lang trotz abstammungsphilologischen Verstoßes in E-Schenken wohlgefühlt.

Dem möglichen Einwand, die aktuell verordnete Ävolution sei gar nicht so übel, widerspreche ich dreifach.

Erstens: Die Reformwörter Schänke, Gämse (von Gams), Stängel (von Stange), überschwänglich (von Überschwang), Quäntchen (von Quantum), behände (von Hand) usw. sind schriftsprachlich in West-, Süd- und Osteuropa weniger populär als E-Wörter, denn der Ä-Umlaut ist eine deutschskandinavische Extrawurst.

Zweitens: Der Lautwert hat sich bei den oben angeführten Vokabeln nicht verändert.

Drittens: Die Ävolution ist willkürlich. Inkonsequenz ist die Mutter der A-Ä-Metarmorphose. Bei konsequenter Durchsetzung des etymologischen Prinzips wären noch zu reformieren:

Rättich (von Radi)
Ängel (stammesverwandt mit angelos, Angelika)
aufgewäckt, Wäcker, wäcken
        (wach sein, erwachen, wachsam)
mässen (von Maß)
gähen (von Gang)
Hänne (hat was mit dem Hahn zu tun)
dänken (von Gedanke)
käntern (das über den Kanten kippende Boot)
sprächen (von Sprache)
däcken (von Dach)
frässen (von Fraß)
nännen (von Name)
verwägen (von Wagnis, Wagemut)
kännen (von Bekanntschaft)
Ältern (von den Alten)

Die Liste ist unvollständig. Wir können von Glück sagen, an Ältern und Großältern vorbeigeschrammt zu sein. Nicht auszudänken!

Komma rüber!

Generationen von Unter-, Mittel- und Oberklassenpennälern hatten unter Zeichensetzungs-Paragraphen zu leiden. Hatten sie? Hatten sie zu leiden, oder hatten sie, die Glücklichen, ein verbindliches Regelwerk?

Nun haben die Deutsch-Interpunktionsreformer die bisher gültigen zirka fünfundfünfzig Kommaregeln auf etwa zehn reduziert und eine Fülle von Kann-Regeln zugelassen. Angekommen ist die Botschaft: Man kann ein Komma setzen, kann es aber auch lassen.

Und prompt teilte sich die Schar der Schreib- und Kommasetzwilligen. Frei nach dem Ulkspruch: Kauf dir mal 'ne Tüte Deutsch bedient man sich in der Kommatüte je nach Gusto. Ich kann eine Tendenz ausmachen: es gibt solche und solche. Solche, die nun jedes Satzglied zwischen zwei Kommas sperren (»Ich übergab, eigenhändig, am Dienstag, die geforderten Unterlagen«) und die Weglasser. In keinem Fall erleichtert es den Lesefluß. Wo liegt der Vorteil, bespielsweise zwei mit UND verbundene Hauptsätze nicht mehr durch Komma zu trennen?

Mag sein, daß die Empfänger von Liebesbriefen nun aus dem Schriftbild Schlüsse ziehen hinsichtlich der Emotionen des Schreibers, denn solche (willkürliche) Plazierung des Kommas gestattet zweifellos einen Blick in die Gefühlswelt des Brief-Absenders. Ist damit etwas gewonnen?

»Er versprach seiner Mutter das Geld zurückzugeben.«

Dieser Satz ist nach dem neuen Regelwerk korrekt. Aber was ist gemeint? »Er versprach, seiner Mutter das Geld zurückzugeben« oder »Er versprach seiner Mutter, das Geld zurückzugeben«?

Ach, gebt uns angemessene Kommaregeln!

Tschuus?

Ich traute meinen Augen nicht, aber es ist richtig, besser, entspricht der RSchR-Norm: Portmonee.

Die im tiefsten Grund irrige Annahme der Reformer basiert offensichtlich auf dem Gedanken: Wie man (aus)spricht, so muß man schreiben. Millionen Engländer und Milliarden Erdenbürger, fähig die Weltsprache Englisch zu erlernen, scheitern *nicht* an der fehlenden Kongruenz von Schreibweise und Aussprache des Englischen. Deutschen Schülern und Deutschschülern traute man da nicht über den Weg. Schwamm drüber.

Dem Muster PORTEMONEE folgend, hielte ich für diskutabel oder wenigstens amüsant an der RSchR, wenn sich diejenigen Reformer durchgesetzt hätten, die für eine weitgehend buchstäbliche Verdeutschung (überwiegend) angloamerikanischer Fremdwörter plädierten. Aber die deutschen Kultusminister wischten so interessante Offerten einstimmig vom Tisch: Tschentelmänn-Egriement, Laastminit, okee, Sändwitsch, Torkschoo, Änterteener. Seufzend werden wir also auch zukünftig in Gaststätten als Highlights Grapefruit Juice statt in Restorangs als Heileits Greepfruhttschuss, geschweige denn in Gaststätten als Gaumenkitzel Pampelmusensaft schlürfen müssen.

Apostroph? Doof!

Der Apostroph, das Auslassungszeichen, ist ein Satzzeichen, dessen falsche Verwendung häufiger als die richtige ist. »Geh' aus mein Herz und suche Freud' ... Genug für's erste ... komm' mich morgen's besuchen ... stoß' nicht in's Horn, Goethe's Werke ... jetzt fahr'n wir über'n See, über'n See, leg' einen Zahn zu, hol' dich der Teufel, Oma's Küche, red' abend's nicht so viel, Beethoven's Neunte, freu' dich auf's nächste Mal, Schmidt's Autowerkstatt, trink' sonntag's Coca Cola, Speis' und Trank, Opfer des Straßenverkehr's, kriech' unter's Bett ...«

Alles nicht nur überflüssige, sondern falsche Apostrophe!

Die Rechtschreibreform hat im Falle des Apostrophs einige Regeln sanktioniert, die längst nicht nur im Schriftverkehr, sondern auch auch beim gedruckten Wort zwar regelwidrig, aber sinnvoll praktiziert wurden. Generell muß der Apostroph nicht mehr gesetzt werden, wenn das Endungs-E wegfällt (ich GEH zum Kiosk und HOL eine Zeitung), auch nicht beim Imperativ der zweiten Person Singular (HALT den Mund). Schon früher verzichteten wir bei Redewendungen und Fügungen auf den Apostroph (Speis und Trank oder heut und hier). Jetzt bedarf es auch bei RUH, FREUD, MÜH usw. keines apostrophischen Hinweises mehr.

Unverändert gilt: Apostrophe waren und sind regelwidrig bei Verhältniswörtern plus S. Wir schreiben: fürs, aufs, ins, ums, ans, durchs, auch hinterm, vorm usw.

Der Plural im Deutschen braucht ganz und gar kein Apostroph, falsch also nicht nur Zoo's, Park's, Ampel'n, Nudel'n, sondern auch CD's und PC's.

Die häufig in Zeitungsüberschriften, auf Plakaten oder

Hinweisschildern zu findenden monströs-apokatastrophalen Auslassungszeichen bei Pluralbildungen oder schlicht Worten, die auf s enden, sind falsch: Auto's, Scheck's, nicht's, nirgend's, link's, bereit's.

Der Apostroph hat bei deutschen Genitiven nichts zu suchen. Stets ohne Apostroph: Schulzes Bäckerei, Papas neue Freundin, Kohls blühende Landschaften und Merkels Frisur. Falsch auch: Land des Lächeln's, des Abend's und des Morgen's.

Falsch also auch: Neumann's Autohaus, Gabi's Imbiß, Rosi's Frisierstube. Moment, sagten sich wohl die heutigen Rechtschreib-Reformer. Warum soll Gabi und Rosi nicht gestattet werden, was »Kaiser's« sich erlaubt und unsere Groß- und Urgroßeltern akzeptiert haben?

Da eben liegt der Hase im Pfeffer: Vor hundert Jahren war der apostrophierte Genitiv üblich und regulär. Und Kaiser's Verbrauchermarkt und Beck's Bier halten an der alten Schreibweise fest, um den Kunden langjährige Tradition zu suggerieren. Wissen darf der Kunde jetzt, daß aktuelle Interpunktionsregeln solche Punkte und Apostrophe wieder gelten lassen. Aber beim Geschäft geht's nicht um Regeln, sondern ums Geschäft. Also dürfen nun auch Rosi und Gabi einen Apostroph auf ihr Ladenschild malen. Und wir dürfen's lächerlich, aber nicht falsch finden.

Dürfen's? Dürfens?

Beides erlaubt, sagen die Reformer, und überlassen die Schreibweise dir und mir und damit mal so oder so. Dabei war die gültige Regel ganz einfach und sollte im Sinne eines schnellen und eindeutigen Erfassens eines Textes auch so gehandhabt werden. Wenn durch Heranziehung des ES an das vorhergehende Wort das E wegfällt, setzte man einen Apostroph. Wie geht's dir? Heute darf ich auch schreiben: Wie gehts dir?

Wenn damit der Apostroph ganz verschwunden wäre, ich weinte ihm keine Träne nach. Aber ohne geht es oder geht's oder gehts eben doch nicht.

So ist er bei Auslassungen im Wortinneren zwingend vorgeschrieben (Ku'damm), ebenso beim wegfallenden I in den Ableitungssilben -ig oder -isch (heil'ger Zorn), und bleibt unverzichtbar als S-Ersatz bei der Genitivkennzeichung von Namen, die auf s, ss, ß, tz, z und x auslauten.

Alle anderen Apostrophe sind überflüssig, unsinnig und regelwidrig oder stehen im Verdacht, den Scheitel der Lächerlichkeit zu streifen. Es ist viel zu tun – packen wir's (an diesem Apostroph halte ich fest) an!

Malen nach Zahlen?

Bisher konnte man DAS ERSTE MAL und DAS ERSTEMAL schreiben. Nun soll nur noch die Variante mit großem MAL gültig sein. Endlich einmal eine konsequente Regel, gewiß, aber mit einer toleranten (alten) Regelung ließe es sich ebenfalls leben.

Wenn bisher zwischen der Rang- und der Reihenfolge unterschieden wurden, nämlich der DRITTE in der Reihen- und der DRITTE in der Rangfolge, soll nach dem Artikel nun immer groß geschrieben werden. Damit geht ein Stück sprachlicher, genauer: schriftlicher Differenzierung verloren.

Nach bisheriger Regelung wurden normale Zahlen (Kardinalzahlen) nach Präpositionen und Artikeln groß geschrieben: mit Vierzig, über Vierzig, in die Fünfzig. Jetzt ist Kleinschreibung angesagt. Warum?

Getrennt marschiert, vereint geschlagen

NOCH MAL, lernte ich, kommt von NOCH EINMAL, und die Frage der Getrenntschreibung war damit beantwortet. Nach der RSchR: NOCHMAL. AUF GRUND laufen Schiffe, AUFGRUND von Tatsachen mußte man es akzeptieren. Heute muß man AUF GRUND der Reform anderes akzeptieren. Zum Beispiel: Eine ALLEIN STEHENDE Frau. Die ist für mein Sprachempfinden nun zuallererst stehend, ob allein (oder zu zwein oder an der Bushaltestelle) ist nach dieser Schreibweise zweitrangig. Wie sieht eine SÄULEN UMGEBENE Villa aus? Was tut ein DIENST HABENDER Beamter? Was ging den Pilzen, diesen üblen Subjekten, durch den Sinn, als sie eine PILZ BEFALLENE WOHNUNG hinterließen? Ist die Situation EXISTENZ BEDROHEND? Welche Qualitäten hat die Situation, daß sie Existenzen bedrohen kann? Erfährt der SEE ERFAHRENE Kapitän sich gerade die See? Es zerreißt mir das Herz, pardon, es ist HERZ ZERREISSEND, welcher Pseudo- und Schwachsinn hier fabriziert wurde.

Und als bedenklicher noch empfinde ich jene verbindlichen Getrenntschreibungen, die Bedeutungsunterschiede nivellieren oder vernichten.

Zwangsreformiert, wird der leistungsschwache Schüler SITZEN BLEIBEN (vermutlich auf der Schulbank); SITZENBLEIBEN ist aus der deutschen Sprache verschwunden, nicht aus den Schulen, womöglich wegen schlechter Deutschzensuren.

»Ich will die Arbeit nicht schlecht machen« oder »Ich will die Arbeit nicht schlechtmachen« sind zwei unterschiedliche Aussagen, was die Schreibweise (auch die Betonung beim gesprochenen Wort) signalisierte. SCHLECHTMACHEN nicht mehr erlaubt, beherzigen Sie das!

Die Getrennt- und Zusammenschreibung von Adjektiven beziehungsweise Adverbien und Verben hat nun einmal semantische Gründe. Die Getrenntschreibung kennzeichnet vor allem modale, die Zusammenschreibung vor allem resultative Aussagen: Die Schlagzeile MANN TOTGEFAHREN bedeutet, daß jemand einen Mann totgefahren hat, der Mann ist als Resultat also das tote Opfer und grammatisch das Objekt. MANN TOT GEFAHREN bedeutet, der Mann ist tot gefahren.

Auch den Adjektiv- und Partizipverbindungen geht es an den Kragen. Ob jemand NICHTS SAGEND (wortlos) den Raum verläßt oder sich NICHTSSAGEND verabschiedet (also mit einer Floskel), ist nicht mehr unterscheidbar.

Liebe Leser, ist wirklich schon das letzte trennende Wort gesprochen? Wir werden uns WIEDER SEHEN, anders gesagt, ich hoffe auf ein Wiedersehen, am besten dann, wenn die Reformer BLAU MACHEN.

Hansgeorg Stengel bei Eulenspiegel

Hansgeorg Stengel

RETTET DEM DATIV

www.eulenspiegelverlag.de

weitere Lektionen
über falsches und richtiges Sprechen

erteilt von Klaus Feldmann

Die Fortsetzung der Deutschlektionen mit dem
Dozententeam Hansgeorg Stengel / Klaus Feldmann
mit den besten Beispielen für »Falschdeutsch«
und »Falschdeutschvermeidung«.

Hansgeorg Stengel
Rettet dem Dativ
Weitere Lektionen über falsches und richtiges Sprechen
erteilt von Klaus Feldmann
1 CD, ca. 60 min, 12,90 Euro
ISBN 3-359-01092-2

ISBN-10: 3-359-1642-4
ISBN-13: 978-3-359-1642-7

© Eulenspiegel · Das Neue Berlin
Verlags GmbH & Co. KG
Neue Grünstraße 18, 10179 Berlin
Umschlaggestaltung: ansichtssache – Büro
für Gestaltung, Berlin
Druck und Bindung: freiburger graphische betriebe

Die Bücher des Eulenspiegel Verlags
erscheinen in der Eulenspiegel Verlagsgruppe.

www.eulenspiegel-verlag.de